NATURE'S
NARRATIVE

ネイチャーズ ナラティブ

幸福への旅路

バーバラ・晴慧・モリソン 著

岩田 佳代子 翻訳

JN062456

目 次

風 AIR　　96

空 SPACE　　120

識 CONSCIOUS　　144

幸福の実践
本書の目的と活用方法

はじめに

　2016年から2018年にかけての高野山での修行中に、今でも心に残る忘れられない経験をしました。私の心の眼に映ったのは、まるで脊椎から内臓を取り囲む形の肋骨のように、左右に枝分かれしたいくつもの部屋がある長く続く廊下でした。目の前に続く廊下の端には空間があり、光が満ち溢れていたのです。私はそれが明晰さと叡智と意識の光だと直感しました。光はとても魅力的でした。この明晰さと幸福に包まれた空間へとたどり着くのに阻むものはなく、ただ廊下を進んで行けばよかったのです。けれど、左右にある部屋の中には、大勢が集まったような人影がありました。この人々は、なぜ暗闇の中にとどまっているのだろう、この素敵な生きていくのに欠かせない光の中へと入ろうとしないのか、それとも入ることができないでいるのだろうかと思いました。私は、前に進むよりここで、この気の毒な存在の手助けをすべきだと考えたのです。でも、そのとき気づいたのです。

　どの部屋にも、ドアがありません。

　恐れ、閉塞感、孤独、心の闇、当惑。これらは、幸福を邪魔するものです。般若心経ではこれを罣礙といいます。般若心経を唱えたり耳にすると、だいたい3分ほどの経典の真ん中あたりで「無罣礙」という言葉を2回くり返していることに気づくでしょう。ここで経典は、邪魔するものも、心の闇も、うれいや後悔もない、素晴らしい状態になることを推奨しているのです。邪魔なものが無くなってしまえば、私たちは、この身に本来備わっている悟り（本覚）を伴った、幸福の流れを体験できます。この何ものにも邪魔されない光とエネルギーに満ちた流れを体験することは、私たちが持って生まれた権利です。そしてこれこそが、人間にとっての本当の「幸福」といえるでしょう。悟りの基本は幸福。それ以上でも以下でもないのです。

身口意と空海の教え

　本書の目的は、幸福を邪魔するものを取り除く手助けをすることです。本書には、幸福の実践とのダイナミックな出会いのための青写真が描かれています。この幸福の実践とは、身口意の三位一体を基本とした6つの感覚すべてを存分に使う実践です。宇宙は6つのエレメント（六大）から構成されていると考えられています。それが地、水、火、風、空、識です（2016年にブータンで行われた密教会議の議事録がCenter for Bhutan&GNH StudiesのHPにて公開されていますので参照してください）。宇宙が6つのエレメントでできているという考え、また「識」を6番めのエレメントとする考えは、昔から続く思想や実践の一部です。こうした思想を今から1000年以上も前に苦労して日本にもたらしたのが空海（774-835年）でした。弘法大師ともいわれ、親しみをこめてお大師さまとも呼ばれています。

　空海は膨大な時間をかけて六大について考察を重ねました。それらを具体的に示すのはもちろん、六大をどう用いれば幸福を実現することができ、究極の真理のなんたるかを理解できるかを考えたのです。詳しくは、空海の著作をぜひ読んでみてください。空海の思想や実践は、真言宗（真言密教）として知られていて本山は和歌山県の高野山にあります。インドから中国に伝わったいにしえの教えを、空海は9世紀に必死の思いで日本に持ち帰りました。その教えを基にした六大という思想は、秩序の働きはもちろん、宇宙で私たちが「本来いるべき場所」を理解するのにとても役に立ちます。空海の教えには2つの大きな特徴があり、それゆえに、今日の仏教におけるさまざまな宗派と一線を画しています。1つめは、今あるこの肉体のままで悟り（幸福）を得られる即身成仏という揺るぎのない信念であり、2つめは、欲は悟りにいたるための有益な手段であるということです。

　欲は、誰にとってもやる気を起こさせる大事な要因です。何かを成し遂げるには欲をうまく使う能力が必要であり、だからこそ、それを利用してやる気を出せば、自分はもとより他者の利益をも大事にして行動することができる、と空海は考えたのです。心身ともに健康になりたいという欲は、単純でありふれたものに聞こえるかもしれませんが、自信喪失、依存症、トラウマ、妄想、不信、怒りなどの幸福を邪魔するものを取り除かなければ、私たちはそのための道を進むことができません。自分の欲を理解し、欲と力を合わせれば、また欲を制御して導けば、より良い立場で幸福を体験できるでしょう。

　本書を通して、幸福への旅路においてあなたの支えとなる人格面の実践と、それを育んでいく機会が得られます。ここでいう人格面は寛大（布施）、道徳（持戒）、

寛容（忍辱）、やる気（精進）、瞑想（禅定）、智慧です。これらは「六波羅蜜」といわれ、私たち自身や他者の中にある安らぎや幸福を育んでいくための手段として、仏教ではよく知られています。また、有益な思考要素も提示されています。それが前提（assumptions）、目標／情報収集（goals and gathering information）、さまざまな観点からの理解（understanding multiple points of view）、影響（implications）、決め方（decision-making）、証拠（evidence）です。それぞれの英語の頭文字をとって"A Guide"と覚えておけば、しばしば「批判的思考」といわれる6つの思考方法を思い出す一助となるでしょう。大事なことを知るという意味での「批判」のなんたるかを理解し、大事なことを見いだして育んでいけるようになることは、幸福への旅路において健康的な思考を実践する手段の1つといえます。批判的思考は合理的な思考です。合理的な思考を実践することで、自分自身との向き合い方や、他者と関わらずには暮らしていけないこの複雑な世の中との向き合い方の本質がわかるようになるでしょう。また、幸福を支える姿勢も提示してあります。感謝、勇気、好奇心、充溢、想像力、注意力です。実践を重ねていくことで、こうした姿勢と人格、思考が相乗効果を発揮し、自分の可能性を最大限発揮できるようになります。

　高野山以外の場所で、いかにして幸福（ここからは悟りよりも幸福という言葉を使っていきたいと思います）になるための実践をするかを考えた場合、やはり体／言葉／心、つまり空海の思想や一般的な密教の特徴でもある身口意を一致させるのが有益な方法です。それによって、高野山の厳格な修行では必要のない存在の要素を「具体化」できます。

「自然の声」を聞く

　幸福は目標ではなく、実践であり、私たちが自ら行うものです。本書は、人格や考え方、生きていく姿勢について説明する参考書といった位置づけで書いたものです。あなた自身の体にとっての幸福を具体的に例示し、それを維持できる方法を記しています。また、マンダラ、ムドラ、マントラを活用した実践方法も提示してあります。

　いわゆる現代社会では、多くの人が自然を、つまりは自分の人間としての本質をまったく意識することなく、それぞれの世界を生きています。幸福になるための実践をする際、私たちに求められるのは、意識して自分自身と向き合い、心身ともに健康になって、その状態を持続させていくことです。私たちには注意を払わなければならないことがた

くさんあり、自分自身について知るための時間も空間もエネルギーも足りません。自分自身はもとより、周囲とどうやって関わっていけばいいのかを理解するための余裕がないのです。

　自分と向き合い、明晰さと幸福を得ていくための最も効果的な方法の1つは、自然の中にあります。それを理解していたのが空海でした。空海は、山を「おりて」市井の人々とともに今でいう政治家、技師、教師、芸術家、詩人として暮らし、その後また山に「こもって」自然に囲まれながら自分と向き合うという生活を、生涯規則正しくくり返していました。

　誰にも支えは必要です。空海と、彼の開いた真言宗は、幸福を求めるすべての人に、幸福になるための手助けをし、支えとなってくれる実践を教えてくれています。その実践はいずれも自然に根ざしたものであり、自然や宇宙にある6つのエレメントを意識することです。空海が自然を通して内省の実践を続けたように、私たちも自然と向き合い、6つのエレメントを意識することで、自分の中にある本質的な幸福を見いだす一助としていけるのです。

植物の力を借りる

　幸福の実践を支える方法の1つとして植物オイルの活用があげられます。瞑想中のお香と同じで、植物オイルも使わなければいけないものではありません。お香を用いるのは、その香りが心地よいからです。心を落ち着けることも、気分を高揚させることもできるからで、感謝の念や、大切な人とのつながりを思い起こさせてくれるものでもあるからです。植物オイルにも同様の効果があります。植物のエッセンスがあっという間に、本物のフェルトセンスへと引きこんでくれるのです。植物のエネルギーが私たちを包んでくれます。そして、自然が私たちを教え、助けてくれる存在であることに気づかせてくれるのです。自分の生命力を意識し、それに感謝できるよう導いてくれます。この生命力は、6つのエレメントの力を通して、自然と分かち合っている力なのです。

　人間は何千年にもわたって、薬から化粧品、免疫機能の補助、傷の治療にいたるまで、心身のいずれにおいてもさまざまな形で植物の力を利用しています。健やかに成長することは持って生まれた権利であり、そのためなら植物の力を利用してもかまわないでしょう。植物オイルの力で、自分の中にある、成長する力の存在を感じることができます。心がどんなに乱れていようと、ストレスを感じていたり、すさんだ気持ちになっ

ていようと関係ありません。昼夜を問わず、いつでもすぐに本来の自分を取り戻させて
くれるのです。

　「我を忘れている」とか「心がぐらついている」と感じるようなときには、そんな混乱
（邪魔なもの）から抜け出す方法を植物オイルがやさしく教えて、ただ存在する状態へ
と導いてくれるでしょう。「ただ存在する」ことを体験するのは、思考や感情を落ち着
かせる力を体験することであり、それによって、シンプルに「人」としてのフェルトセンス
に注意を向けることができるのです。この豊かさは、世界が私たちに与えてくれるもの
です。存在を実感するのは、自分自身や周囲の状況をあるがままに受け入れるときで
す。固執も略奪も不安も拒絶もありません。そうすれば、自身の存在を感じ、注意を
払うことにより、（今生の）この体が乗り物であり、体（感情、感覚、思考）をよく知るこ
とが幸福に直接影響をおよぼすことだとしっかり認識して、幸福を実践できるでしょう。

　こうしたブレンドオイルを用いるのは、純粋な喜びの行為です。オイルによって呼び
覚まされるのは意識の「内なる本質」であり、私たちの意識は精神の意識となんら変
わらないという知識です。あなたの中にある神性の輝き、崇高な自己、法身、聖霊な
ど、好きに呼んでもらってかまいません。植物の力を利用したオイルに、あなたの心の
中にある風景を見せてもらいましょう。オイルの力を借りて、自分自身を信頼できるよう
にしましょう。自分の体／心の中に、おそらく今までは活かせていなかった部分がある
こともわかるようになるでしょう。幸福になるためのプロジェクトは、包括的な取り組み
です。あなたの体であれ心であれ、何かしらが取り残されるようなことはありませんか
ら、安心してください。

聖なる感覚
エレメントとチャクラの相互作用

　6つのエレメント（地、水、火、風、空、識）について考えるのは、誰もが影響を受けて
いるエレメンタルフォースに触れることです。この6つのエレメントとそれが示す力は、
私たちのチャクラと一致しています。チャクラというのは、人間の体にあるエネルギー
センターで、物理的な体の中心線に沿ってまっすぐ縦に並んでいます。場所は下から
順番に尾骨、性器、胃腸、心臓、喉、そして頭です。第1チャクラは、エネルギーを引
きあげて肉体に取り込みます。6番めの最後のチャクラは、最も強く神的側面（意識）
と結びつけるものです。どのチャクラも、エネルギーの輪のようなものと考えるとよいで

6つのエレメントの実践

○ 識 (第6チャクラ)

智慧

証拠

注意力

○ 空 (第5チャクラ)

瞑想

決め方

想像力

○ 風 (第4チャクラ)

やる気

影響

充溢 (じゅういつ)

○ 火 (第3チャクラ)

寛容

さまざまな観点からの理解

好奇心

○ 水 (第2チャクラ)

道徳

目標／情報収集

勇気

○ 地 (第1チャクラ)

寛大

前提

感謝

しょう。そのため、個々のチャクラに働きかけることも、複数に同時に働きかけることもできます。私たちが宇宙のエネルギー（6つのエレメント）や、自身の内に見いだすエネルギー（チャクラ）に働きかけるとき、そのためのツールを提供してくれるのが感覚（聴覚、視覚、嗅覚、味覚、触覚、直感）です。

　地のエレメントは、背骨の底部に位置する第1チャクラに対応しています。地のエレメントとそのエネルギーは、「基盤をつくる」ものです。水のエレメントはその下にある第2チャクラに位置し、創造性（性器）と、自分自身や他者、そして世界全体との関係を特徴づける変化の柔軟性を含んでいます。火は第3チャクラの特徴であり、太陽神経叢に位置しています。ここは、消化の「火」が燃え、決意や達成のエネルギーを発揮する場所です。風のエレメントがあるのは私たちの存在の「中心」である第4チャクラで、ここには思いやり、慈愛、平静、思慮深さが備わっています。空のエレメントがあるのは第5チャクラ（喉と甲状腺）です。ここで私たちは、自身や他者に対して自分の真実を声に出してはっきりと伝えます。最後の識は6番めのエレメントで、額に位置し、頭頂部を含む第6チャクラを通して現れます。このようなエレメントとチャクラは、説明をわかりやすく、実践をやりやすくするために、それぞれ章に分けてあります。ただし、忘れないでください。6つのエレメントは、チャクラと同じで常に動的な関係にあります。これらの相互作用は、私たちが「生命」と呼ぶものです。

　6つのエレメントとチャクラは、根源的思考の一種です。それを姿勢のトレーニング（感謝、勇気、好奇心、充溢、想像力、注意力）や人格の形成（寛大、道徳、寛容、やる気、瞑想、智慧）、考え方の要素（前提、目標／情報収集、さまざまな観点からの理解、影響、決め方、証拠）と組み合わせると、誰にとっても合理的で達成可能な幸福への多元的アプローチを形成します。

チャクラオイルを活用し内なる自分に向き合う

　チャクラと「5＋1」のエレメントは、何千年にもわたって伝えられてきた知恵の伝統の一部であり、私たちの肉体と宇宙体（法身）との関係についての知識体系に属しています。人体のエネルギーについて考える手段として用いるチャクラは、感情や気持ち、内外の刺激に対する反応、といった混沌とした状況を明確にするのに役立つ格子状の構造です。古代のチャクラに関連する書物は、その道に精通した人物が自ら経験し、調べて得たものを根拠とした知識を通してまとめられました。チャクラを示すため

に用いられている色は、こうしたヨガの行者たちが実際に体験した色でした。古代の書物で水のエレメントを表していた色は白です。最近は、水の象徴としてしばしばオレンジ色が用いられています。オレンジは赤（地）と黄色（火）の間にあるというニュートンの説に基づいているからです。ニュートン以降の時代では、チャクラの色は光のスペクトルの色に統合されています。ただし本書では、詳細は後述しますが、水を表す色は白を用いています。

　チャクラオイルは、いつも使っているオイルを瞑想用に特別にブレンドしたもので、自分の体、つまり肉体的な自己とダイナミックに出会える一助となるものです。それぞれのレシピは各章に記してあります。オイルに対する反応は、時間とともに変わっていくかもしれません。私も瞑想にブレンドオイルを使っていますが、長い間に、地のチャクラオイルはリラックスできる香りから甘い香りに変わりました。水のチャクラオイルは心地よいものからスパイシーなものに、火のオイルは刺激を与えてくれるものから素晴らしい充足感を与えてくれるものになり、風のオイルは圧倒されるような香りからつんとくる香りへ、空のオイルは胡椒のような香りから香ばしいものに、そして、識のオイルは柑橘系の香りからやさしく守ってくれるような香りへと変わったのです。私とオイルとの出会いの変化は、これからも間違いなく続いていくでしょう。ある友人は、地のチャクラオイルで、子どものころ泥んこになって遊んだ記憶が一気に蘇ってきたそうです。その友人は、水のチャクラオイルは香りが苦手で使えなかったと言っていました。手についた風のチャクラオイルを舐めたいと言った友人もいます。チャクラオイルが際立っているのは、ほかの誰でもない、あなた自身にまつわることやあなたが経験してきた記憶や感情を呼び覚ますことです。こういった心象としっかりと向き合ってください。あなたの進むべき道を力強く教え、導いてくれるでしょう。

　伝統的に植物オイルは、体に塗ったり、自分よりも強い力を持った存在との聖なる出会いに備えるために用いられてきました。最近は、浴槽にたらしたり、ディフューザーを使って部屋全体に拡散したり、ロールオンボトルに入れてスキンケアに使われたりもしています。こんな贅沢を手にできる私たちは幸運です！　ブレンドオイルを使うときは、それが貴重で高価なものであることを忘れないでください。それぞれのボトルに含まれている植物の生命力を享受するために、何千、とまではいかなくても、何百もの植物が生きたまま刈り取られているのですから。どのオイルも生きています。そしてそのエネルギー特性が、あなた自身と触れあうのです。

チャクラのバランスを整える

　自分の肉体的な特質を理解することは大事です。子どものころ、父には「気力で乗り越えろ」とよく言われていました。当時はとても役に立つ素晴らしい言葉でしたが、成長するにつれ、私は体を犠牲にして心ばかりに頼るようになっていったのです。心と物質／感情と知性／精神と体という2つを対立させる考え方は、特に西洋の思想家や哲学者たちによって、何世紀にもわたる思索のはてによかれと思って生みだされたものです。体と脳は一体だという考え方は、実は少数派です。大事なのは、そんな少数派の考えも認め、支持することでしょう。しかしながら脳にかぎらず、体にある内臓、胃と腸、筋肉と筋膜、皮膚と靭帯などにもすべて知的感情はあり、知的存在なのです。そして、私たちの体は、体内の生態系内の恒常的なバランスを保つための情報を提供してくれています。「どんな気分？」と自問するのは、体内の生態系全体を対象とした素晴らしい問いかけなのです。

　それぞれのエレメントとチャクラは、私たちが日々の生活の中で育み、磨き、実践していく人格のいろいろな面と一致しています。前述したように、「六波羅蜜」(寛大、道徳、寛容、やる気、瞑想、智慧)は人格の属性であり、私たち自身や他者の幸福をサポートしてくれます。人格を形成していくには、実践と育成が必要です。幸福の実践には、私たち自身だけではなく、すべての人の幸福も含まれています。

　どんな状況でも、自分自身と他者のために、自分の世界を批判的に見られる人たち(大事なことを見極められる人たち)は、いつでもより良く生きていけます。こういう人たちはみな、他者と健康的でバランスの取れた関係を持てるようになり、根拠のない不安や考えや感情にとらわれた人たちよりも、ずっと簡単に自分の目的を達成することができるのです。自分の感情にも他者の感情にも適切に対応できる人たちは、私たちみんなの利益となる有意義な方法で、自分のためにも他者のためにもいつでも尽力できるでしょう。

　このような観点から、それぞれの章に対応したエレメント／チャクラは、あなたが幸福への道を歩みながら育んでいくべき心の力といえます。"A Guide"は私にとって、批判的思考という考え方に基づいた、健康的で正しく機能している心をサポートする手段です。この"A Guide"という言葉が示しているのは、前提、目標／情報収集、さまざまな観点からの理解、影響、決め方、証拠です。いずれにも一致するエレメントとチャクラがあります。その結果、完全に統合された形で幸福にアプローチできるのです。そこには、私たち人間のあらゆる側面が含まれています。同時に、ある側面を分離し

た方が実践や育成が容易にできそうだと思ったら、それも可能です。

　最後に、それぞれのチャクラと関連するエレメントには、あなたが実践すべき姿勢があります。感謝、勇気、好奇心、充溢（じゅういつ）、想像力、注意力です。いずれの姿勢も、座ったままでできる、動く瞑想の際に実践することを意図されたものです。それぞれのストレッチで穏やかな動きをしながら、各エレメントのエネルギーとチャクラの姿勢を意識して表現するようにしていくといいでしょう。最初はぎこちなく感じるかもしれませんが、それはどんな実践でも同じです。あなたが選んだ姿勢のエネルギーを少しずつ、心／体のエネルギーフィールドに浸透させていってください。心と想像力を使って、あなたの中にその気持ち／姿勢を意識して創造していくのです。時間がたてば、その姿勢が日々の生活の中で自然と表現できるようになるでしょう。しかも、あなたの中だけにとどまらず、あなたと関わりのある他者にも示すことができるのです。

体

自分の体と向き合う

　本書の目的には、自分の体と仲良くなり、体の声をきけるようになり、体にやさしく、好意的に交流できるようになること、があります。幸福が訪れるとすれば、それはこの体、つまり自分自身の体を媒介として訪れるのです。

　ムドラは手や体を使ったジェスチャーで、特定の意識状態にいたるよう運動的に準備をするものです。各章には、6つのエレメント、6つのチャクラ、6つの人格、6つの考え方、6つの姿勢、それぞれに応じたムドラが記してあります。ムドラもまた、座ったまま幸福への道を探れる方法です。ゆっくりとやってみましょう！　座ったままの実践で大事なのは、こうした手／体のジェスチャーやチャクラの実践を通して自分自身を導いているときに、自分の体／心の底からわきあがってくる感情に先んじないことです。性的、感情的、あるいは肉体的虐待に苦しんできたなら、専門家に相談すべきかもしれません。自分自身と心の底から楽しく健全につきあえるようになるために、サポートをしてくれるでしょう。誰かを頼り、助けてもらうことは、自分を尊重し、大事にすることです。また、自分や他者との関係に配慮を示す手段でもあります。

　自分の体／心、そして自身の内なる世界としっかりと向き合う実践を始めるときは、静かな場所を選んで座ります。本書では、エネルギーを高める（加持）過程を円滑に進めていけるよう、明晰さと気づき、リラクゼーションと再生、統合と愛をサポートするさ

まざまなテクニックを示しています。自身の内なるエネルギーセンターであるチャクラに気づいていく過程は、自身の内面と向き合うことを理解し、促進していくための有益な手段です。エレメントの力の観点から考えることで、「大局的」な見方ができるようになります。すると、周囲の力が私たちや他者に害をおよぼしたり、挑みかかってくるように思えるときでも、「被害者意識を持つ」こともなくなっていくでしょう。

宇宙・自然・周囲とのつながりを感じる

　6つのエレメントをよく知っていくことで私たちはみな、この宇宙で一人きりではない、ということがわかっていきます。地球は、6つのエレメントの力で構成され、その影響を受けています。あなたと同じように。昆虫も、植物、川、動物、岩、鳥、土、石もすべて、6つのエレメントの力で構成され、その影響を受けています。あなたと同じように。星も、惑星も、星雲も、同僚、友人、パートナー、恋人も、6つのエレメントの力で構成され、その影響を受けています。すべてあなたと同じなのです。誰もが、そして、宇宙人であれ人間であれ、私たちの知りうるありとあらゆるものが、こうした躍動感あふれるエレメントの力の一部なのです。エレメントとしての意識の存在を心にとどめておいてください。幸福を望み、なんとしてもそれを叶えようと情熱を注ぐなら、宇宙と不思議なつながりを持てるでしょう。

　意識の存在を証明するのは、共時性(シンクロニシティ)と偶然です。人が意識に注意を向けていると、宇宙はごく自然に、人やものの流れに現れます。バスは次から次へとやってくるでしょう。同僚や従業員、支援者は私たちと同じように考え始め、スムーズにサポートもしてもらえるようになります。人生は楽しく、万事順調に流れていきます。私たちのエネルギーは意識のエレメントを認識し、連動してスムーズに機能していきます。意識がすべてのエレメントとスムーズにつながり、エレメントが意識とスムーズにつながるように。

　にも関わらず、完全に独立した個人であるあなた自身のエネルギーは、季節や、自分の内や外からの要望、日常のストレスの消長によって増減します。ストレスは、内外からもたらされます。あなたも、感情と自尊心の両方から、あるいはそのいずれかの観点から、エネルギーの揺らぎを経験しているかもしれません。

　自分の内面の（そして完全に自然な）エネルギーと交わりを持つようになることで、自分で自分に力を与える実践の機会が得られます。自分を大事にし、自分の中にあるさまざまなエネルギーと向き合っていけば、より良い状態で自分を満たしていけるでしょ

う。自分を幸せにするのはもちろん、愛する人や同僚、地球（自然）といった周囲をも助け、サポートしていけるようになります。あなた自身がエネルギーと向き合い、自分に力を与えていくことで、私たちみんなが恩恵を受けられるのです。

自分の気持ちや感情に耳を傾ける

　各章の後半に「ストレッチで姿勢を整える」という項があります。姿勢の実践の際には、そこに記した陰ヨガの動きをぜひ取り入れてみてください。私たちにはみな、何よりも感覚があり、活力があります。瞑想中の動きは、その動きがマインドフルネスでアウェアネスであるなら、有益な支えとなるでしょう。私たちは、心を傷つけるためにいるのではありません。気持ちや感情が芽生え、落ち着いてくるときに、その気づきを保つためにいるのです。

　こうした気持ちや感情を、なつかしい友人のように迎えましょう。気持ちや感情がわきあがってくるのがどんなに不愉快だったり怖かったりしても、それらと対話を始めましょう。気持ちや感情の声を感じとってください。しっかりと耳を傾けてください。気持ちや感情は、あなたの取り組みをサポートするための力強い存在なのですから。さまざまな刺激に対する自分の反応がきちんとわかるようになること、それは気づきの重要な特徴であり、幸福への道に欠かせないものです。あせらずに、静かな気づきを信頼できるようにしていきましょう。

　「どの部屋にも、ドアがない」ので、知覚できる存在として現れるエネルギーにも、気づきが現れてくる試練でもあり楽しくもある状況にも、どんなに難しくても慣れることが大事です。思慮深く、決意を持って、自己の根本的な主観性を磨いていくことで、同時に他者の根本的な包括性も磨いていけます。

　私たちのエネルギーは他者の中に見いだすエネルギーであり、他者のエネルギーは私たち自身の中にあるエネルギーを私たちに見せてくれます。その場にいながらこうしたエネルギーを受けることで、自分自身はもとより、他者や周囲の環境の中に見いだす力を活用する機会を得ます。自分を磨いていけば、いつのまにか自分をとりまく状況の中でより上手にやっていくことができるようになっているでしょう。そして同時に、自分をより良く理解できるようにも。

ストレッチの実践で心と体を調和させる

　私たちが人間の姿でいる間に出会うことは、すべて体を媒介として経験します。各章の「ストレッチで姿勢を整える」では、骨格構造だけではなく、筋膜や筋肉組織を含む具体的な姿勢を通して、思考／感情を健康的に増進していく人格と考え方の実践をより深く浸透できるスペースを広げていきます。身口意を一致させれば、とても深いレベルで、体が伝えたいことを正確に受け取り、体が健康であるために聞きたいことを伝えることもできるようになるでしょう。

　ここで大事なのは、運動ではなく、聞く／動く、言葉を返す／休む、というコミュニケーションです。あなたやあなたの体が納得できる方法で、体と一緒に、体を通して、体を意識しながら動いてください。あなたとあなたの体は1つなのですから。こうした陰ヨガの動きを通して、体／心の筋肉をのばし、組織に現れる知識を感じましょう。このような動きを実践することで、より長く座っていられるようにもなります。より深く自分の中に入りこんでいき、時間をかけて明らかにし続けていく内なる交わりの形を通して、より大きな利益も得られるでしょう。

　直感で取り組んでください。実践を始める前に自分の気持ちに注意を払いましょう。自分がフル回転していること、そして、動かずにいられないのは、「じっと座っている」のが苦手だから、ということに気づくかもしれません。例えば、地の章で紹介している、地のエレメントのエネルギーを用いたストレッチの実践は、10分間の地の瞑想への準備です。ストレッチだけで精一杯という日には、6つのエレメントすべてのストレッチをやってみるのもいいでしょう。脚を組みかえて、体の左右のバランスをとることも忘れないでください。じっと座っていられるような気がするなら、そうしましょう！　座ったり動いたりを、適宜組み合わせてやってみてください。

心のおもむくままに実践してみよう

　6つのエレメントすべての「ストレッチで姿勢を整える」実践をする際には、自分で選んだ、心が落ち着く音楽をききながら、というのもおすすめです。響きわたるチベットのシンギングボウルの音や、チャクラと向き合うためにつくられた音楽をきけば、なお一層効果を高めることができるでしょう。あるいは、あなたの体があなたと分かち合う必要のあることにもっと注意を向け「じっくり考える」ことができるように、静寂の中で実践をしたいと思うかもしれません。

　10分間隔で、座ったり動いたりを交互に組み合わせてもかまいません。10分の瞑想を活用しつつ、地から水、そして火へと移っていっても、問題はありませんし、結果として30分座っていたことになります。初めて瞑想をする場合は、まず10分間の地の瞑想から始め、次に地のストレッチを5-10分行ってもいいでしょう。座ったり動いたりを交互に行うのはいいことです。それによって、座っているときもいないときも、体を楽にして幸福になるための実践をすることができます。

　ある日は、火の瞑想と火のストレッチをそれぞれ10分ずつ、別の日は地だけか空だけ、あるいは両方を組み合わせる、というやり方でもかまいません。自分の心のおもむくままに行ってください。30分時間があったら、自分がいいと思う瞑想やストレッチをいくつか組み合わせてやってみましょう。もちろん、瞑想だけ、ストレッチだけの組み合わせでも大丈夫です。自分を信じてください。信じ、尊ぶという意味で「信仰」という言葉を使うなら、どうか自分を信仰してください。自分に「よく」してあげましょう。自分にやさしく、上手に向き合っていきましょう。

　あなたは他の誰よりも自分自身をよく知っています。自分についての知識や気づきを明らかにしながら、それを自分のために活用しましょう。そうやって、自分をぐんぐんのばしていくのです。エレメントのエネルギーに対する自分の気づきを広げて、他者を包みこんでいきましょう。エレメント／チャクラのダイナミックな動きとその発現は、私たちだけではなく、宇宙全体の存在をも構成しているのです。

言葉

マンダラとマントラ

　マンダラは心に意識を注ぎ、穏やかに集中力をもたらす視覚的な手段として、ムドラ同様、何千年も前から用いられてきたものです。本書のマンダラは、幸福への道を歩むサポートとして付加的に活用してください。チャクラであれエネルギーセンター、エネルギーの輪、そして／あるいは気づきの花。マンダラに対するイメージがどんなものであっても、こうしたイメージは、あなたが成長し、創造力を得ていく際に、あなた自身のエネルギーセンターへ入っていき、それを活用し、それに気づけるようになるための視覚的な手段を与えてくれるのです。

　マントラは、自分と自分の究極の目的を合致させるために、心／体を中心に置き、サポートするために活用する言葉です。マンダラと同じく、何千年も前から幸福を実践

し、維持するために用いられてきました。儀式におけるマントラは、美しいだけではなく、非常に力強いものです。マントラは、心や物質を自在に移動する強力な共鳴を起こします。山を「おりる」とマントラは、心にはっきりと思うことを自分の存在や目的と合致させることによって、自己成長に用いられます。マントラが大事なのは、意識的で感覚的な言葉であり、私たちの目的と宇宙の目的を結びつけるものだからです。それぞれのチャクラやエレメントはマントラと合致しています。声に出しても出さなくてもマントラを唱えていると、オイルのエネルギー特性はもとより、エレメントのエネルギーやチャクラとも感情／思考が同調していきます。こうしたマントラの中に身を置くことにより、マントラが、もっと深いレベルで、自分自身と世界の中の自分の存在との交わりをサポートしてくれます。

　空海によれば、マンダラとマントラはまったく同じものであり、どちらも宇宙の力の現れであり、幸福の実践をサポートし、高めてくれるものです。マンダラとマントラは、視覚的（マンダラ）か聴覚的（マントラ）かというだけで、いずれも宇宙意識を明確に形にして表現しているものです。

マントラで心をポジティブに

　人体が、動物／植物の体と違うのは、人間が言語を用いて意味のある世界（記号論的フィールド）をつくりあげている点です。私たちは、思考／感情の過程において言語を用います。同様に、自然にも言語があります。自然の中では、鳥が歌い、子犬が鳴き、蛇が音を出すように「話す」のです。葉が落ち、木々がたわみ、根が張り、宇宙が自らの意図を伝えます。人間にとってマントラは、何千年も前から、この宇宙と交わっていくための手段だったのです。

　各章の終盤には、チャクラオイルのブレンドに用いるオイルそれぞれのエネルギー特性について説明があります。読み進めていけばわかりますが、オイルごとのエネルギー特性を具体的に示す短い言葉が書いてあります。それがマントラです。そっとつぶやくだけでも、大きな声でもかまいません、各チャクラ／エレメントに応じたマントラをくり返し唱えれば、きっと役に立つでしょう。日中、オフィスでオイルを用いるときや、パートナーとの大事な打ち合わせの直前などに唱えてみてください。マントラを唱えることで、よりしっかりと直観力や目的意識、意志を育んでいけます。ビーズを使ったブレスレットやネックレスをお持ちなら、それぞれのビーズにマントラを記してもいいでしょう。

幸福になるために感情／思考を鍛える有益な方法の1つです。

　マントラによって、幸福にとって大事なこと、欠かせないことへと向かっていけます。もっと広い意味でいえば、口から出る言葉や、頭の中でぐるぐるくり返されているテープのような言葉の力を過小評価しないでください。言葉や音は、人を傷つけることもあれば、癒すこともあります。釈尊の言葉を借りるなら、言葉は「無駄なおしゃべり」ともいえるでしょう。言葉は、私たちを宇宙や、私たちをとりまく存在／力と結ぶ手段の1つです。言葉と目的を一致させれば、精神を具体的に表現することができます。どうかマントラを使って、自分の頭の中でぐるぐる回っているテープ、あなたの精神的、霊的、感情的な幸福を邪魔するものを書き換えてください。

心

自分の心を知る

　古くからあるこの3つの構造をなす3番めの要素は、心です。伝統的に、密教における「心」は瞑想として考えられてきました。瞑想は、自分の心を知る手段です。心がどう働き、自分や他者のために心をどう使うのかを知ることができます。

　誰しもサポートしてくれる師や友人、地域の人たちが必要ですが、同時に、自分自身に対する責任はそれぞれが個々に負っています。責任と誠実さは幸福の重要な側面であり、より強固に育んでいかなければなりません。人格を高めるというのは、過程であり、旅であり、探求でもあります。自分と世界を統合する旅は、自分は何者なのか？という質問から始まります。自分にとって大事なものは何か？　批判的とはどういうことか？　どうすれば、この人生で自分にできる最高の成果を出せるだろう？　なぜ努力するのか？　など、さまざまな質問が続きます。各章には、「人格と考え方をつくる」という項があります。この項では、自分や他者との関わりをサポートし、強化していけるよう、人格面と思考要素をより高めることに取り組んでいきます。

　質問は、家族や友人、同僚といった、自分の周囲の人に向けられることがありますが、本書では、あなた自身についての質問を、あなたに対して投げかけています。学者曰く、世界で初めて批判的思考をしたのは、紀元前6世紀のインドに実在した仏教の開祖といわれている釈尊だそうです。西洋哲学の基礎を築いたとされるプラトンの『ソクラテス対話篇』は、自身における最高の真実を確認するために自問する、という考えに基づいています。知的にも精神的にも、賢明なこの2人は、私たち一人ひとりが自分自身の

最高の師であることを理解していたのです。

さぁ、幸福の実現へ向けて始めよう

　チャクラオイルやマンダラ、マントラ、ムドラ、ストレッチを直感で選んで活用しながら、人格や心の能力、姿勢を向上させていきましょう。本書は、あなたが自分自身や周囲の世界と意識的につながっていけるよう、健全で建設的な環境を拡大し、サポートできるよう意図したものです。どうかこれを機に、自分自身との交わりを深めてください。

　どの章のどんなところに引かれるのか、自分の関心のおもむくままにしてください。あなた自身のために、あなた自身と意味のある交わりを持てるように、本書の実践をくり返してください。あとのことは、おのずとついてきます。自分の心の自在な動きを信じてください。あなたのためにここにある心は、あなたに最高の利益をもたらし、私たちみなをおもんぱかってのことであると信じてください。

　かつてないほど、私たちは自分の意識を進化させることを求められています。本書はそのための方法を提示するものです。

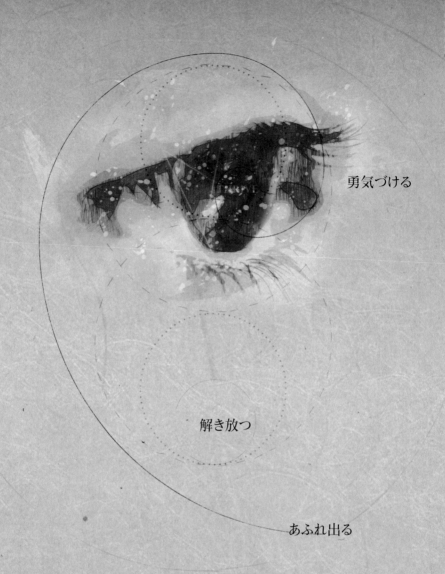

勇気づける

解き放つ

あふれ出る

EARTH

SAY YES

マントラ
同意しよう

ムドラ
地

瞑想のチャクラ
オイル
地

人格をつくる
寛大

考え方をつくる
前提

ストレッチで
姿勢を整える
感謝

地のエレメント

　地は、あなたの背骨に沿って垂直に並んだ6つのチャクラの中の第1のチャクラです。それぞれのチャクラは、次のチャクラと相乗的に作用しながら、上にあるチャクラへと向かっていきます。地のチャクラは、すべてのチャクラの基本であり、その後のチャクラのいずれにも影響をおよぼす重要なものです。地のチャクラはすべてのチャクラの「基盤」であり、あなたにとっては、幸福の実践の基本的な部分に取り組む大事な機会といえるでしょう。

マンダラ

．．．．．．．．．．．．．．．

　地のマンダラは、中心にある光の点から現れます。このチャクラの癒しのエネルギーは、尾骨から始まり、濃い赤のぬくもりのある光によって、上へ、全身へと広がっていきます。こうした基盤となるエネルギーは、すべてを包みこむ輝きに満ちた、金色の光となって、さらに広がり続けていくのです。ここでは、あらゆる存在があたたかく受け入れられます。このチャクラのエネルギーは根源的なもので、数千年前、人間に尻尾があった頃にまでさかのぼれます。地のエネルギーには、私たちのいるこの宇宙の側面と同じように、私たちという存在の最も根源的で無意識な面が含まれているのです。

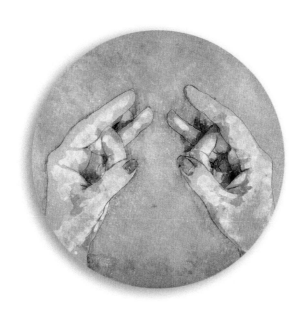

マントラとムドラ

・・・・・・・・・・・

　地の瞑想と地に足をつける実践のためのマントラは、「同意しよう」です。その意図は、応え、親しくなること、つまりこの10分の間に生じるものが何であれ、それが顕在化し、過ぎ去っていくにまかせることだからです。素晴らしい言葉「同意」と言いながら息を吸います。そして「しよう」で息を吐いてください。このマントラの意味をしっかりと認識して、その意味を全身に浸透させていきます。大きな声でも、心の中で唱えるだけでもかまいません。その意味を全身で受け入れ、自分の一部にしてください。おそらくこの瞑想の間は、このマントラを唱えることで自分を解き放ち、ただそこに存在し、自分自身や他者の意見から自由になる許しを自分に対して与えているのです。

　膝の上に両手を置き、親指を中指の爪の上にのせて、軽く「O」の形をつくります。残りの指は膝の内側につけるようにしてまっすぐにのばし、力を抜いてください。座り方は、足を組んでも、ロータス、ハーフロータス、ビルマ人のあぐら、正座でもかまいません。言い換えるなら、リラックスしつつ、しゃんとして集中できる座り方をしてください。よりリラックスした座り方ならビルマ人のあぐらがいいでしょう。一方の足をもう一方の足にのせずに、両足とも床に置きます。正座は長時間同じ姿勢を維持できます。床に膝を

つき、かかとにお尻をのせてください。もっと楽なのは、椅子やベンチに座ることかもしれません。

　どんな座り方を選んだにせよ、一度座ったら、10分間はそのままの姿勢を保ってください。どうしても動かなければいけないときは、ゆっくりと注意しながら動きます。その際も、一度動きを止めて、自分はなぜ動こうとしているのかを考えます。どうしても、今この瞬間に動かなければいけないのでしょうか。いったい何が自分を動かそうとしているのかをつきとめてください。その気持ちは何なのでしょう？　それは感情ですか？　そこには語るべきことがありますか？　どこにあるのでしょう？　痛みですか？　その気持ちはどこにあるのでしょう？　座っている間に出会う感情的または肉体的な痛みや不快感がある緊迫した場所に、空間や光を吹きこむことはできますか？

　ティク・ナット・ハンは、敬愛されているベトナムの禅僧で上座部仏教の師ですが、彼が弟子たちに推奨しているのが、山のイメージを内在化することです。それによって、実践の基礎を確立する一助となるといいます（参考文献7を参照）。山は大地からできています。体現しているのは、力強さと長命です。自然、そしてあなた自身の人間性と一体となり、それらを尊重しながら、敬意と寛大さの中に自分の席を見つけてください。

瞑想と地のチャクラオイル

　地のチャクラは、あなたのエネルギー的存在の基盤であり、しっかりとつなぎとめておくものです。まず、自分が座る場所を見つけましょう。そこに、自分のエネルギーを向け、枕でもろうそくでもローテーブルでも、自分でいいと思うものを置いて印をつけます。そして、後でこの場所に戻り、幸福の実践を行います。落ち着いて座ったら、地のチャクラオイルを手のひらに数滴、たらすか塗ってください。片手でも両手でもかまいません。それから、両手をやさしくこすり合わせて温め、香りを立てていきます。両手で口と鼻をおおい、ゆっくりと深く香りを吸い込んでください。3-6回呼吸します。

　マントラやそれぞれのオイルの特性は、この章の最後に記してあります。気分や精神状態をうまくコントロールする方法を学ぶのに役立つと感じたら、直感で個々のオイルやマントラを選んでください。個々のオイルや、チャクラオイルについて深く知れば、オイルを活用して自分がうまくつきあいたい、サポートしたい、あるいは変えたいと思っている行動、気分、感情を浮き彫りにすることができるでしょう。

　あなたを迎えてくれる香りに集中してください。時間をかけて、地のチャクラオイルのさまざまな層や面を知覚的に深く認識していくなら、両手で目をそっとおおったり、手

のひらで頬骨をやさしく包みこんだりするとよいでしょう。愛情をこめて両手で顔をおおい、毛穴に愛と理解を送り、あなたの存在の奥深くにまで感謝の思いを広げていきます。地のチャクラオイルで用いるオイルにはいずれもグラウンディング効果や回復効果があり、キャリアオイル（分留ココナッツオイル）で希釈もされているので、肌に直接触れても心配は不要です。大地は寛大です！ 自然からの生命力に満ちたエネルギーに感謝しながら、その独特な癒しの力と親しく交わっていきましょう。

　ベチバー（根から抽出）、サンダルウッド（木）、シダーウッド（木）はいずれも樹脂オイルで、何千年にもわたって、人間の精神を大地とつなげ、高めるために用いられてきました。ジンジャー（根）とクローブ（つぼみ）には活性効果があります。クローブには保護と治癒の効果も認められています。楽しい感情や性的な面をサポートするのはイランイラン（花）です。ブレンドで使っているオイルの詳細な説明や、付随するマントラ、エネルギー特性については、p.42-43を参照してください。

　チャクラオイルのブレンドに用いられている個々のオイルは相乗的に機能し、あなたの体のエネルギーに働きかけます。それが特に顕著に見られるのが、内外からの刺激に無意識に反応する生体エネルギーシステムです。オイルの大半は、大脳辺縁系や内分泌系、副腎系といった、完全に無意識のレベルで機能します。植物オイルは生きています。大地に根を張る、生きた植物から抽出する液なのですから。植物のエネルギーエッセンスは、自然に人間の体のエネルギーと交わり、癒しの特性を伝え、サポートしようとするのです。

　自然の大地に注意を払わないと、私たちはいつのまにか反応にとらわれてしまいます。すると結論を急ぎ、神経質になってイライラし、何をするにも気が散っていたり無意識状態になってしまうのです。不眠に悩んでいるかもしれません。けれど同時に、常に忙しくして、私たち自身の存在の基盤とつながるために必要な「休養」を避けているかもしれないのです。このようにいつも刺激を受けている状態は、体の感覚中枢への暴力的な攻撃として認識されたものをかわすため、気づかないうちに神経系を絶えず興奮させている可能性があるでしょう。

　注意力は、それ自体がエネルギーの一種です。私たちはすでに量子物理学の原理（特にハイゼンベルクの不確定性原理）を通して、知覚のエネルギーそのものが、観察される過程の結果に影響をおよぼす、ということを知っています。思考もエネルギーの一種です。単に注意を払う、それだけで、注視する行為の過程にエネルギーを与えるのです。6つの感覚を通して払われる注意が、幸福のためのきちんとしたものであ

るなら、あなたの内なるエネルギーが妨げられずに動き、自由に体内をかけめぐる可能性は一段と高くなるでしょう。私たちは虹を前にしてその美しさを心にとどめますが、虹は、私たちの自然なエネルギー体が空に現れたものなのです。

　座って自分と向き合っていくことで、自分の心／精神と周囲の世界を明確にしていくことができます。この間は、マインドフルネスでいられるよう最大限の努力をしてください。時間を決めたら、自分との約束ですから守りましょう。それぞれのエレメント／チャクラの瞑想時間は10分が適当です。瞑想を始めたばかりなら、どんなに長くても20分以内にしてください。雪崩のごとく思考があふれてきて、押し流されそうになっても心配しなくて大丈夫です。思考がどんどん現れては過ぎ去っていくのを許しましょう。

　あなたは思考することを止めたり、何も考えていない無の状態ではありません。座っているところ（大地）から引き離されることなく、思考が過ぎ去っていく（流れ）を認めているのです。最大限の努力（実践）をして、自分の思考、気持ち、感情を容認しましょう。あなたは、自分自身を容認することを学んでいます。この実践は、あなたを大きく成長させてくれるでしょう。そして、他者を容認し、他者に寛大になる手段を与えてくれるでしょう。満員電車の中や、緊張する会議のときでも自分自身に心を向ける時間を持つことを学んでください。いつどんな状況でも、バランスを保ち、落ち着きを見いだす昔ながらの方法は、呼吸に意識を集中することです。それは、あなた自身、つまり本書で私たちが育もうとしている幸福の存在する場所へと、意識を戻す手段なのです。

　地のチャクラオイルを深く吸い込んでください。オイルはエネルギー的につながり、意識的および無意識的なあなたの体に、あなたは安全だと伝えてくれます。地のチャクラオイルの使用に関わらず3-4回深呼吸をしましょう。これが、警戒心や身がまえる心、そして心の壁をとり払おうという合図です。慣れるまで少し練習が必要かもしれません。私が20年以上前に瞑想を始めたときは、過去のいやな記憶や不安などのネガティブな思考が、壊れたテープレコーダーのように何度も何度もくり返し頭の中でめぐり続け（しかも悪態が！）、4分以上じっと座っているのも容易ではなく、10分などとうてい無理でした。もし、あなたが同じなら、どうかあきらめずに続けてください！　植物やマンダラ、マントラ、あなたが育む人格や考え方、姿勢がサポートしてくれるでしょう。

　地の瞑想の次の10分では、自身の内なる風景に注意を向けていきます。ろうそくの明かりなどの外的な刺激は、それで気分があがり、やる気がでて、あなた自身の本質的な最高の内なる利益を得られるのであれば別ですが、そうでないなら必要最小限にとどめておいてください。

地のチャクラのエネルギーは、肛門と性器の間にある三角形の筋肉の会陰部から物理的にアクセスできます（参考文献4のp.214-216を参照）。自身の体の地のエネルギーに意識を向けながら、呼吸に合わせて骨盤底を動かしてみましょう。骨盤底がよくわからない場合は、チャイルドポーズ（床に正座し、上半身を倒して太ももに預け、額を床につけて、腕は両脇に置きます）を行い、この小さな筋肉を伸縮させることから始めてください。息を吸いながら、会陰部を収縮させます。そして息を吐きながら、ゆるめていきましょう。呼吸しながら、このリズムを身につけていってください。

　1回呼吸をしましょう。思考がいかにあなたを呼吸から遠ざけるか、つまり、自分が生きていること、呼吸していることを忘れているかを知ってください。呼吸を「忘れる」のは、あなたの基本的なエネルギーに重大なストレスを与える原因となる可能性があります。もう何年も前ですが、私は自分が、日中かなりの時間、息を止めていたことに気づきました。呼吸を忘れるのは何と簡単なのでしょう！　呼吸はあなたの拠り所です。

　息を吸うと、空っぽのおなかが可能性で満たされます。息を吐くと、骨盤底に花が咲きます。自分がどんな呼吸をしているのかを知ってください。荒いですか？　スムーズですか？　浅いですか？　いつでもちゃんと呼吸ができるのを当然だと思っていますか？　支障も罣礙も邪魔するものもなく、スムーズに呼吸できることに感謝しましょう。そもそも、今実際に呼吸できているという事実に感謝するかもしれません。

　お好みで、穏やかな好奇心を活用したボディスキャンもできます。緊張している場所はありますか？　その場所に息を吹きこみ、目の前にマンダラを思い描きながら、その小さな部屋、あのドアのない部屋に、やさしい気づきの明晰さとぬくもりを注ぎましょう。

　瞑想のための落ち着いた空間ではない場所で行うときに、呼吸の実践をサポートしてくれる素晴らしいものがオイルです。ボトルを持ち歩き、いつでも手のひらにオイルをつけましょう。両手で口と鼻をおおったら、そのままゆっくりと、意識的に息を吸い込みます。これを利用して、意識的でていねいな呼吸を心がけてください。デスクでも、車や電車の中でも、感謝の気持ちを忘れずにやりましょう。

　「我を忘れるようなスピード」に身をまかせてはいけません。それは「忙しさ」という麻薬です（タラ・ブラック）。とりあえず、すべて手放しましょう。この10分の間に地球が崩壊することはありません。地のエネルギーの安定性と信頼性を明確にすることは、謙虚な気持ちを認識することであり、本書を読み進めていく上で確かなサポートとなるでしょう。実践を重ね、揺らぐことのない自信を持てるようになってください。そして、日々の生活の中で、他者にもこの気づきを広げていけるようにしましょう。あなたは

存在しています。呼吸をしています。ここにいます。それだけで十分です。

　やりたければ、10分という時間をのばしてもかまいません。ただし、どれだけのばすにせよ、決めた時間はちゃんと座っていてください。地のエネルギーの本質は信頼です。信頼すれば、安心できます。まずは自分を信頼する練習をしなければなりません。

　地のエネルギーと交わる機会は、あなたという存在を通して、自分自身と意識的な関係を築く機会です。あなたにしかできないことです。この過程を通して、根本的なレベル、つまり存在のレベルで自分自身を信頼する素晴らしい能力に意識的に気づき始めるでしょう。生き抜いていくこと、十分な食べものや、安心して眠り、生活し、自分を磨く場所を確保すること、これらは全て、地のチャクラとエレメントの領域なのです。

　本書を読み、多くの問題に気づくかもしれません。おそらく、あなたは自分の利益より他者の利益を優先しがちでしょう。それをどう思いますか？　その思いを抱いたまま座ってください。何か必要なことはありますか？　あなたの必要なことに同意してもらう方法はありますか？「同意しよう」は、ある種の思考をはっきりと表現すること、イエスかノーかという二元的思考の力関係を乗り超える手段です。このマントラで「同意しよう」と言うのは、自分や他者の人生において得られる十分な幸福に身をゆだねることです。地のオイルを用いた瞑想は、自分の中に信頼にたる友人がいると気づけるようになる場です。自分に「同意しよう」と言ってあげましょう。静かに座り、自然（植物）や自身の内なる自然と向き合いながら、この自己の一面を知っていくのです。

　子どもの世話や介護をしている方は、今この時にストレスを感じているかもしれません。けれど、地のエネルギーの気づきを育んでいけば、子どもを抱っこしたり、お皿を洗ったり、食事の支度をしたり、車を運転しているときなどでも、自分のための時間を思い出すことができるようになるでしょう。時間を問わずいつでも、地のオイルを手に取ってください。外出するとき、エレベーターを待つ間、車の運転席に座っているときなど、ちょっとした時間を見つけて、「同意」という言葉を明確に意識しながら息を吸います。そして「しよう」で息を吐きます。秒単位でも分単位でもよいので、できるだけたくさん実践してください。車の運転中や会議中、ぐずる子どもをあやしているときなどに、こうして自分自身として存在する時間を増やしていきましょう。他者を思いやるのと同時に、自分自身を思いやりましょう。あなたも他者も、等しく大事な存在なのですから。

地の瞑想

同意しよう

10分間の瞑想

椅子や床に置いたクッションにゆったりと腰をおろし、
リラックスしてください。

地のチャクラオイルを深く吸い込みます。

手で地のムドラのポーズをとります。

ゆっくりと呼吸を認識しながら、呼吸に意識を集中し
自分自身の存在を感じましょう。

「同意」と心の中で言いながら、ゆっくり意識的にすーっと息を吸います。

「しよう」と心の中で言いながら、ゆっくり意識的にすーっと息を吐きます。

呼吸に合わせ、山をイメージして地の尊厳と存在感を感じてください。

山のように頼りがいがあって、
しっかりとした存在を。
強く、毅然としていて、
寛大で、協力的になりますように。

身体の各部分に穏やかな好奇心を向けて、
内面から意識的にボディスキャンを行います。

何が現れるにせよ、それとともにあってください。

寛大であり、地であり、
拠り所であってください。

人格と考え方をつくる
寛大&前提

. . . .

　寛大は、地の特徴です。この第1のチャクラは、光のスペクトラムの最も低い場所に位置する、あなたのエネルギー体にエネルギーが入るところです。地のチャクラの赤外線波はここで最も広がり、ほぼ感知できません。赤やこげ茶、栗色にえび茶色、これらは、あなたのために用意されたマンダラでイメージされる、あなたの基盤の色です。地のエネルギーを介して、気づきを得ていく実践をサポートする視覚的な手段として、この地のマンダラを目の前に配してもいいでしょう。

　地は私たちの師でも避難場所でもあります。地のエネルギーの気づきを得ることで、1人であろうと大勢の中にいようと、私たちの実践は、存在感、尊厳、寛大さをともなって、自分自身と本気で向き合い、成長させ、サポートしていく手段となります。地は私たちの基盤となる場所であり、「席」でもあります。私たちはそこで、自分自身や自分の物語、まだ吟味されていない仮定の範囲を問い、認識していくことができます。そしてそれが、私たちの視野を定めていくのです。

　自分が真実だと思い込んでいることを確かめる場をつくったことのない大人がたくさんいます。自然の恵みとともに静かに座れば、この素晴らしい場で自分の存在を一から再構築していくことができます。そしてその過程で、地のエネルギーや、自分が本当に生きているという最も不思議な概念を理解することができるでしょう！

　植物はいうまでもなく、大地に根を張ります。根は傷つきやすいので、安定した強さを得るために、根やつるを地に埋めるのです。地は私たちを自然に迎えてくれます。寛大な地は、あらゆる生命を受け入れてくれます。地のチャクラエネルギーとともに座れば、あなた自身を含めたすべての存在の形の基礎を形成するサポートと栄養のエネルギーを、自分の内に満たす機会を得ていけるでしょう。地にとっては、存在だけで十分であり、それ以上は必要ないのです。

　この不変にして寛大な存在に対する、人間としての合理的かつ自然な反応は感謝です。地のエネルギーは季節ごとに、雨を浴び、陽光に包まれながら、おのずと再生しています。地は常に存在しているのです。

このマンダラ／マントラ／チャクラオイル／ムドラとともに座っていると、自分が持って生まれた体の存在を感じるようになるでしょう。植物が成長すると、たくさんの実をつけ種子を結ぶのは、単に自分たちの種の繁殖のためだけではなく、自分たちの周囲にいる動物や人間に食料を与え、その生命を維持するためです。植物は本質的に寛大です。成長すると、その身を他者のために役立てます。植物は、「贈り物」をしているとも思わなければ、「与える」ことに思いをめぐらせたりもしません。ただ、与えているのです。それが本質だから。このことを心にとどめながら、2回、3回と地のチャクラオイルを使ってみてください。呼吸をしながら、自然の寛大さの素晴らしさを吸い込みましょう。そして、知ってください、これがあなたの人間性でもあることを。

　残念ながら、私たちは植物ではないこともあり、多くの人が文化を通して、足りないことや不十分なことに意識を向けるよう教えこまれてきています。私は、我が家の文化の中で、ハングリーであるよう言われてきました。努力して何かを成し遂げるためです。努力するのは悪いことではありません。けれどそれが裏目にでて、自分が足りないと思っているものを手にしようと必死になるあまり、物的手段に依存し利己的になっていってしまう瞬間があるのです。私たちは、自分が「十分」ではないという認識のもとで教育を受けているのかもしれません。けれど、地のエネルギーを意識することに慣れてくるにつれて、物質的な成功をもたらす力を見極める感覚を育んでいくことができるようになるでしょう。

　自問してみましょう。「○○」を「渇望」する気持ち（欲望）について、じっくりと自分に問いかけてみてください。この「欲望」は本当に「○○」のためのものなのでしょうか？　これは「必要」だと感じています。では、これが「必要」なのは本当に「○○」のためなのでしょうか？　この「商品」に対する「欲望／必要」は、実は何か他のものを示しているのではないでしょうか？　私の場合、常に計画を立てる必要があったのは、根底に自尊心の欠如があったからでした。おそらく子どものころのあなたは、決して十分ではなかったのでしょう。あなたがこの世に存在するという前提に気づき、考察することは、地のエネルギーとの出会いのための豊かな基盤となります。

　自分自身や子ども、愛する人への不安といった、あなたの周囲にあるさまざまな心配は、座って地のエネルギーと交わっている間に抱く思考や感情です。自分の子どもたちは、まだまだ自分のことがよくわかっていないのでは？（内と外の双方で）何らかの不足に苦しんでいるのでは？　自分は悪い親だろうか？　自分の家族の物語や、自分の地球、自分の起源について、自分はどんなふうに考えている？　自分の配偶者やパー

トナー、友人、家族、同僚に、分別と配慮のある質問をしても大丈夫だろうか？　どうすれば、自分はもとより周囲のすべての人たちにも伝えられる、生産的で意味のある方法で、地上における自分の存在を探求していけるのだろう？　ここで求められるのがやさしい好奇心です。それは、植物のつるが、この宇宙の中で根を張り、成長していくための大地を手探りで探していくようなものです。あなたにとっては地の探求であり、あなたの成長をサポートしてくれる基盤を探して、しっかりとそこに腰を据えることです。

　散歩をしてみましょう。生物でも無生物でも誰一人として、他者の確かな存在なしには生きられないことがわかるでしょう。こうした存在に「同意しよう」と声をかけてください。彼らの存在があなたを支えているのです、あなたの存在が彼らを支えているように。

　地のチャクラは、とても深いレベルでこの寛大な存在をしっかりと高めてくれます。寛大な心は実践あるのみです。この心をいったん習得すれば、あなたの周囲の世界で自発的な寛大な行為が顕在化し、さらなる寛大さと信頼をも得られるよう促してくれるでしょう。忘れないでください、他者を励ますには勇気がいるかもしれません。けれど、自分自身の喜びのためばかりではなく、他者と喜びを分かち合うためにも、自分に勇気を与えて、心に余裕を持ってください。

　あなたの心の働きと、あなたが創造し、力を与えていく物語があなたのいるこの世界の基盤構築、そしておそらくはその抑制にいかに寄与しているかを理解していきましょう。同僚や友人、家族の成功を喜んでいけるなら、あなたの基盤は拡張していきます。

　あなたの心、そして意識、無意識を問わずあなたの思い込みを解消していく過程を導いていくことは、存在をやさしく大事に扱う、ということです。私たちは、取調室の壁に不安や、他者からの批判や自分自身への戒めなどの「敵」を貼り付けようとしているわけではありません。私たちの自己への探求は、地のエネルギーが与えてくれる豊かさへの純粋な驚きから生じます。驚きや感謝は、地があなた自身やあなたと関係のある人たちにもたらす本質的なものや生命力と意識的に関わることでおのずと生まれてくるのです。

ストレッチで姿勢を整える
感謝

・・・・・・・・・・・・・

　地のチャクラと交わるのは、休息の機会です。ただ呼吸をするだけで十分です。「同意しよう」と言いながら呼吸し、存在してください。「ああ」と言いながら呼吸をします。心が思考や計画に席巻される様子やタイミングを見極めてください。入念に計画を立てる／保護する自分自身に感謝し、ふたたび呼吸に集中します。他者のことが気になったり、その思いがどうしようもなく強くなってきたら、旧友よろしくそっと呼吸に意識を戻しましょう。

　倦怠感やイライラ、怒り、不安がどうしようもなく吹き出してきたら、地のチャクラオイルを手に取ってください。ただし、慎重に行います。手に取りたいと思っても、ちょっと待ってください！　一呼吸おきましょう。心と精神と体を1つにして、自分の目的へとよどみなく向けていってください。

　地のエレメントは、私たちがしっかりと安定する場所ですから、心身ともに健康な状態へ向かう中で、流されたり（水）、吹き飛ばされる（火）ことはありません。この惑星に存在するだけで地のエレメントの気づきを得られるともいえますし、私たちが自身の体を使って精一杯生きることで気づきが与えられるともいえます。呼吸を通して自分の体の気づきを見いだしていくのは、自分の存在と完全に1つになることです。

　地の瞑想から続けて行うときは、クッションをはずして、ヨガマットかカーペットの上に直接座りましょう。地面の上で快適に過ごしたいでしょう。結局地の瞑想は、あなたが自分の「地」、つまり自分の家族（誕生の物語）に対する仮定や、安全についてのあなたの概念、さらには、こうした物語があなたの存在を可能にしたり無効にしたりする方法について探求する場所なのです。

　瞑想のポーズをとってください。座ったままリラックスしたいなら、ハーフロータスやロータスのポーズから足だけくずして、床につけておく（ビルマ人のあぐら）姿勢がおすすめです。足を床につけることで、座ったままでもよりリラックスした姿勢を楽しめます。呼吸に意識を向けることから始めましょう。ゆったりと落ち着いて、気づきを意識し、「ああ」と言いながら息を吸ったり吐いたりします。このマントラの中に自分の拠っ

て立つ地を見いだしてください。「ああ」は、あらゆるものを含んだ完全な言葉です。

　床は、あなたの拠り所です。地はあなたの拠り所です。あなたが歩き、座り、立ち、走り、膝をつくところ、そこはすべてあなたの拠り所です。どこもかしこもあなたの拠り所です。息の音、風の音、波の音、ああ！　法身、時をこえた大いなる認識の瞬間。これがあなたのいる場所です。より完全に交わるため、心の内に中心を置きます。私たちがここにいるのは、心の内に「入る」ためで、「出ていく」ためではありません。

　座ったまま上体を前に倒していき、額を床につけてください。そのまま6回呼吸をします。これは、宇宙に対する心からの深いお辞儀です。あなたの両親、友人、同僚、パートナー、子ども、ペット、植物、有形無形の存在、過去、現在、未来へのお辞儀であり、あなたの世界を支え、活気づけてくれるエネルギーへのお辞儀でもあります。床に額をつけられるようになるには、時間と練習が必要かもしれません。でも大丈夫！　時間はあります。ここで肝心なのは、気持ちです。自分の体と穏やかに、根気強く向き合ってください。しっかりと上手に向き合いましょう。あなたは、自分がつくっているこの穏やかでストレスのない、やさしさと思いやりに満ちた環境の中で、存在することを学んでいるのです。

　動きながら、現れる思考や感情に注意を払い、それらが動くにまかせてください。また、もし思考や感情、それも特に不快な感覚にまつわる感情に遭遇するなら、そのときは、物語（頭の中のテープ）が始まるかどうかにも注意しましょう。これは、信頼と安全とあなたの存在するための能力といった、地のエネルギーの領域を探求する機会です。あなたは他者にとって迷惑な人間ではないこと、あなたの存在は「忘れさる」ようなものではないことを理解してください。あなたは最高の存在です。あなたは世界です。どうかあなたはあなたのまま、自分の内を探求してください。

　地の気づきの中を通っていくときの姿勢が感謝です。額をゆっくりと地に近づけていきながら、地が自分を受け入れてくれていることに気づいてください。地の存在に感謝しましょう。自身の体の中に自身の存在を見いだし、その存在が、あなたを支えてくれる地と同様信頼できるものであることを理解してください。自分がこの地にいるという仮定（まだ確かめていない根拠）を通して考えるときには、心からの感謝をしてください。自尊心や充足感、自分にとっての「善」や「悪」といった問題。あなたの幸福をサポートするもの、しないものは何なのか。しっかりと呼吸をしながら、そういったことを考えていきます。

　家族や友人、さらには自分自身によって押しつけられてきた（おそらくは今も押しつけ

られている) 物語を聞き出していきます。あなたの真実のために、自分の存在の中の最も深い部分に話しかけてください。年月とともに曇ってきた古いラッカーの層をはがしていくような感覚があるかもしれません。この層に、あなたが感じていた他者からの期待というドレスをまとわせていた自分を重ねてきたのかもしれません。あなたを助け、守ろうとしてくれる大切な人たちに感謝しましょう。同時に、他者の考えるあなたではなく、自分自身と親しくするようにしてください。義務にしばられずに、自分自身との関係を理解していきましょう。そして、苦痛だったり、疲れたり、基本的に退屈な作業ではありますが、自分が気になる体の場所を探求し続けてください。

　感謝の気持ちを抱いたまま、両腕も一緒に上半身を右膝のほうへ動かしていきます。静かにゆっくりと、できるだけ床に近いところで動かしてください。手を使って距離を測ってもいいでしょう。左のお尻がどれくらい床から浮いているかに注意してください。座ったまま、できるだけ右膝のほうへ体を持っていきます。坐骨はなるべく床につけておいてください。体を右膝に近づけた状態を維持したまま、6回呼吸します。体のなるべく下のほうに息を深く吸い込んでいきましょう。6回呼吸をしたら、慎重に、ゆっくりと体を真ん中に戻していきます。

　真ん中に戻ったら、感謝をこめて心／気持ちからのお辞儀をしつつ、できるだけ頭を床につけていきましょう。お辞儀をするときは、感謝を忘れないでください。準備ができたら、そのまま左膝のほうへ上半身を動かしていきます。右膝から真ん中へ、そして左膝へと弧を描くように動いていくときの大きな空間を意識してください。真ん中を通るときには、常にお辞儀をすることを忘れずに。ここがあなたのセンターライン (中心)、つまりあなたのチャクラが並ぶ、背骨の軸です。クリステヴァとイラガレイはその著 "The Feminine and the Sacred" で、「プラムライン」という言葉を使いこの軸を表現しています。

　真ん中から右側へ慎重に動き、真ん中へと戻る。そして反対側も、真ん中から左側へ慎重に動き、真ん中へ戻る。この動きを、できるだけ頻繁にやってください。1度に行うのは、左右3回ずつで十分でしょう。ここであなたの拠り所を見つけてください。ゆっくりと慎重に動きながら、自分の体の土台を知っていくことができます。常に心／精神と体を一致させておきます。現れてくるものに注意しましょう。反応する必要はありません。思考や気持ち、感情が過ぎていくのを認めてください。

　動きながら休息します。休息しながら、ダイナミックに地のストレッチを行っていきましょう。腕は、頭の両側に置いて、肘で曲げても、床の上でまっすぐ前にのばしてもか

まいません（私は、床の上で頭を休めている間に、両手を頭の上でまっすぐにのばして、そこで2、3回手をたたくことがあります）。地のストレッチの空間で、自分の体と存分に楽しんでください。体が望むままに動かしてあげましょう。ゆっくりと慎重に。できるだけ深く呼吸をします。必要があればさらに深く呼吸をします。いずれにせよ、呼吸に意識を向けるとともに呼吸をする体の感覚にも注意を払ってください。そして、呼吸ができていることに感謝しましょう。

　感謝しながら休み、このストレッチを行うときは、ゆっくり、じっくり動きましょう。不注意に動いて、体が心／精神に先んじないようにしてください。常に注意して動く練習をしましょう。「達成感」という名のもとに、うっかり我を忘れてしまうことがよくあります。だからこそ、このシンプルなちょっとした動きを行い、我を忘れないようにしましょう！識別することを学んでください。自分にとって余分なものと足りないものを理解しましょう。スキルアップし、自分を思いやってください。今こそ、あなたが育んでいる健康スキルを使いましょう。

　これは、自分が何者で、この世界での居場所がどこかについての思い込みである、まだ検討されていない物語の形をした「待機状態」（封じこめられたエネルギー）を解放する機会なのです。

　こうした考えに、あなたはもうずっととらわれてきたのかもしれません。一朝一夕には変わりません。ただ、気づいてください。それで十分です！

　さあ、足を組みかえて、内側にしていた足を外側にし、これまで述べてきた動きをくり返してください。足を組みかえることで、あなたの中のエネルギーがバランスよく活性化され、左右どちらかにかたよることなく、全身にしっかりとエネルギーがゆきわたります。地、水、火、風、空、識、すべてのストレッチで、足を組みかえ、体の両側をしっかりと動かしてください。

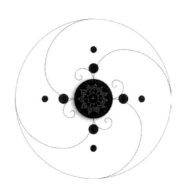

地のストレッチで姿勢を整える

感謝

10分間の瞑想

 床に腰をおろし、あぐらを組みます。落ち着ける楽な姿勢でかまいません。
ただし、気は抜かず集中してください。

ゆっくりと意識的に「ああ」と心の中で言いながら息を吸います。
次に、「ああ」と心の中で言いながら息を吐きます。

この呼吸を意識して続けながら、お辞儀をし、そのまま額を床に近づけます。

 感謝のお辞儀をした状態のまま、「ああ」と心の中で言いながら
6回呼吸をくり返します。

上半身を、ゆっくり右膝のほうへ動かしていってください。
そのまま、「ああ」と心の中で言いながら6回呼吸をくり返します。

 感謝の気持ちを抱き、頭を床につけて、体を真ん中に戻しましょう。

上半身を、ゆっくり左膝のほうへ動かしていってください。
そのまま、「ああ」と心の中で言いながら6回呼吸をくり返します。

 感謝の気持ちを抱き、頭を床につけて、体を真ん中に戻しましょう。

右側から真ん中へ、それから左側へ、というこの流れるような動きを、
好きなだけくり返します。その後、足を組みかえて、
一連の動きをくり返してください。

地のチャクラオイル

各植物オイルのマントラとエネルギーへの理解をさらに深めましょう。

ベチバー、サンダルウッド、ジンジャーをベースにしたこのブレンドは、グラウンディング効果や回復効果があります。ベチバー、サンダルウッド、シダーウッドは、何千年にもわたって人間の精神を高め大地とつなげるために用いられてきました。ジンジャーとクローブには活性効果があります。また、クローブには保護と治癒の効果も認められています。楽しい感情や性的な面をサポートするのはイランイランです。

深く入る

ベチバー（根）:

暗闇の中、私たちを導いてくれるベチバーは、心や感情がざわめいたときに落ち着いていられるようサポートしてくれます。また、自身の存在の最も深い部分に触れ、一番大事な問いに対する答えを得られるよう助けてくれます。

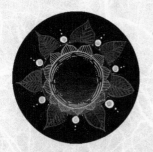

智慧を大事に

サンダルウッド（木）:

智慧と見識をうながすサンダルウッドは、神聖な存在にアクセスするための瞑想状態をサポートし、その状態を肉体が受け入れられるよう力を貸してくれます。

みずから動く

ジンジャー（根）：
　大いに刺激的なジンジャーは、勇気と立ち直る力を与えてくれます。私たちの中に、物理的、感情的、精神的な消化能力の炎をかきたててくれるのです。それによって私たちは、幸福への過程で出会う変化を処理し、吸収することができます。

頼りになる

シダーウッド（木）：
　背の高い凛とした木のつねで、シダーウッドは私たちの精神を安定させてくれます。おかげで私たちは、困難に直面しても、憤ったり反感を抱いたりすることなく、頑張ってやり通すことができるのです。

自信を持って

イランイラン（花）：
　甘く官能的な香りイランイランは、私たちの心を開き、私たちの情熱や喜びの基本的なよさを信頼するよう、サポートしてくれます。

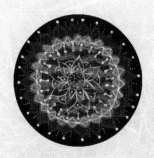

実践する

クローブ（つぼみ）：
　自信を持たせてくれるクローブは、行動を起こし、ものごとを実現するよう促してくれます。しかもその間ずっと、私たちが傷つかないよう守ってくれ、他者を傷つけないようにするという意識をサポートしてくれるのです。

地のオイル
レシピ

1

地のエレメントオイル

◆◆◆◆◆◆	ベチバー	6滴
◆◆◆◆◆◆	サンダルウッド	6滴
◆◆◆◆◆◆	ジンジャー	6滴
◆◆◆	シダーウッド	3滴
◆◆◆	イランイラン	3滴
◆	クローブ	1滴

　10mℓ容量のボトルに各エッセンシャルオイルを入れ、上から分留ココナッツオイル（FCO）を注ぎ足します。

※1滴の量は、約0.05mℓが標準とされています。

2 地のディフューザーブレンド

- ♦♦♦ ベチバー　　3滴
- ♦♦♦ ジンジャー　3滴
- ♦♦ クローブ　　2滴

（水200㎖に対しての分量）

　水道水と一緒に上記の各エッセンシャルオイルをディフューザーに入れてください。

　ご使用になっているディフューザーのタンク容量により、オイルの量は増減してください。

3 地のバスブレンド

- ♦♦♦♦♦♦♦♦ ベチバー　　　8滴
- ♦♦♦♦♦ イランイラン　5滴
- ♦♦♦♦ ジンジャー　　4滴
- ♦♦♦ シダーウッド　3滴
- ♦♦♦ クローブ　　　3滴

（200㎖計量カップに対しての分量）

　塩1カップ（エプソムソルト、重曹、天然塩、またはそれらを混合したもの）に直接オイルを加えて混ぜ、30ccの計量スプーンに2〜3杯浴槽に入れます。もしくは、10㎖容量のボトルに各オイルを入れ、上から分留ココナッツオイル（FCO）を注ぎ足したものを浴槽に入れてもかまいません。表面に浮かぶオイルが、さらに感覚的な喜びをもたらしてくれます！

　バスブレンドとチャクラオイルは、ボディオイルとしても利用できます。ただしオイルの量は、ポンプやスプレーのサイズに応じて変更してください。

※バスソルトやオイルを浴槽に入れる際には、お使いの浴槽メーカーの取扱説明書をお読みの上、ご自身の判断でご使用ください。

...

呼吸は
あなたの拠り所

...

BREATHE & BE WITH

NOTES

WATER

OH! FLOW

マントラ
さあ！ 流れよう

ムドラ
水

瞑想の
チャクラオイル
水

人格をつくる
道徳

考え方をつくる
目標／情報収集

ストレッチで
姿勢を整える
勇気

水のエレメント

水の本質は動きです。動かない水はよどんで
たまっていき、その状態が続けば、腐っていやな
臭いを発するようになります。動かない水は、生
命あるものには適しません。水のチャクラは、地
のチャクラのすぐ上にあります。水は大地を流
れるからです。地球は、運河、滝、川、三角州と
いった構造を供することで流れを可能にします。
そして水は、その構造を通して、流れるという水
の性質を実現しているのです。

マンダラ

　用意した空間に落ち着いたら、自分の内と外、両方の「目」をしっかりと開いて、目の前のマンダラをよく見てください。水のマンダラは地のマンダラとは全く異なるエネルギーを表していることに気づくかもしれません。地にはぬくもりがあり、中央の赤い部分から生じたやわらかな金色がふちどるようにして輝いています。水のマンダラには、地のエネルギーを表す深い赤が依然中央に配されていて、地の威厳と存在感を感じさせます。けれど、周囲の空間を使って表現されているのは、時計回りの動きです。地のエネルギーは水のエネルギーの中に引きこまれますが、水のエネルギーは動きを主としていて、地のエネルギーとは大きく異なります。

　本書では、水を白で表しています。歴史的に白で表されてきたことと、この方が水のエネルギーを認識しやすいからです。ニュートンが光のスペクトルを発見して以降、今ではオレンジ色で表されています。オレンジは、深い赤（地）→オレンジ（水）→黄色（火）と、エネルギーを脊柱に沿って垂直に構築する概念に適しています。しかし、水の透明性をより明確に示すには、伝統的な白がいいでしょう。白は、水のエネルギーがもたらす、重要な側面である明晰さも示します。明晰さは、幸福の基本です。

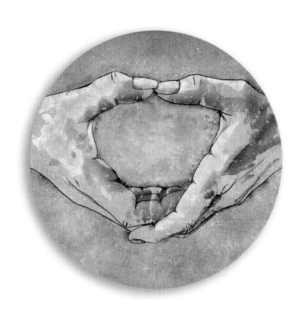

マントラとムドラ

　「さあ」と声に出して言いながら、息を吸います。それから「流れよう」と考えながら、あるいは心の中で言いながら息を吐いてください。呼吸そのものが流れです。空気は鼻から入って肺にいき、肺から鼻を通って体外へ出ていきますが、呼吸はこの過程をくり返す、継続した流れです。水のエネルギーは、肺に皮膚と同じように透過性があることを気づかせてくれます。エネルギーは、全身をめぐって出ていくのです。私たちは常に、流れと関わっています。流れがなければ、存在することができないのです。

　地のムドラのポーズをとっていた手を、祈りの位置に持っていってください。これによって、次の動きを考える時間が得られますし、しっかりとした目的意識を持って、地のエネルギーから水のエネルギーへとスムーズに移行していけるでしょう。両手を膝の上に置きます。左の手のひらを上に向けて開き、指先に右手の指先を手のひらを上に向けてのせてください。両手のひらが、すべてを受け入れるように、空に向かって開いています。そのまま、左右の親指の先を合わせてください。左の親指の爪の上に、右の親指の先を軽くのせても、一方の親指の第一関節から先を、もう一方の親指の同じ部分にのせてもいいでしょう。あなたの体が知っています。

瞑想と水のチャクラオイル

· · · · · · · · · · · · ·

　自然できれいな水は透明です。水のレンズを通して、すべてが見えます。この水の
エネルギー瞑想は、あなたが自分の心をじっくりと見つめ、自分自身の欲望や感情、必
要なものの本質を知る機会です。水の流れと同じで、あなたの思考もどんどん流れ
去っていく川です。川岸に静かに座って、その流れを見つめている自分を想像してくだ
さい。乱流や激流のときもあれば、穏やかなときもあるでしょう。この流れがあなたな
のです。どんなに不安や思考、感情に引きこまれようとも、すべて流れていくにまかせ
てください。次から次へといろいろなものが現れてくるでしょう。

　あなたの目の前にある水のマンダラに描かれているのは、白い花びらと、時計回りに
軽やかに流れる金色の線です。このマンダラは、流れを放出しています。座ったまま
これをイメージしながら、水のチャクラオイルを手に取りましょう。自分にぴったりだと思
うブレンドを使ってください。自然な直感にまかせて選ぶのが1番です。水のチャクラ
オイルを手のひらにつけて、吸い込みます。このチャクラエネルギーの位置であるおへ
そのすぐ下のあたりにつけてもいいでしょう。尊敬と親愛の情を持ってオイルを受け入
れてください。カルダモンは、このブレンドのメインノートです。自分自身との関係や他

者との関係を穏やかに尊重してくれる、ぬくもりのあるオイルです。クラリセージ、ベルガモット、マジョラムは信頼感をサポートしてくれます。元気をくれて、流れを増幅してくれるのはオレンジです。パチュリは変化（成長）の大事な本質を気づかせてくれ、シナモンは、この成長と変化の気づきを自分自身に活用できるよう励ましてくれます。

　あなたの手のひらの上を水が流れていくところを想像してください。穏やかに受け入れる気持ちになりながら、この動きをそっと見つめます。真言宗では、このムドラは宇宙を表しています。宇宙はダイナミックな流れとはかない形となって現れていることを考えると、適切な概念です。

　幸福を邪魔するものはしばしば、私たちが流れを止めると現れます。そのメカニズムは多岐にわたりますが、1つの兆候が「掴み取る」という感覚です。パニックや呼吸の乱れをともなうことがありますが、中にはこれを興奮と解釈する人もいます。その典型的な例が依存や強迫観念です。いずれにせよ、パソコンの画面上やあなた自身の心の中などにイメージとして表されるものに対して、ぜがひでも「必要」と感じることが、流れを妨げるのです。これを内なる視点から見ると、まるで世界が急に止まったかのようです。それほどまでに、掴み取りたい、手に入れたいという欲求は圧倒的に強いのです。

　水のエネルギーに思いをはせれば、こうした精神をうまく漂わせていけるでしょう。つまり、私たちが何かを必要とし、望み、求める力の結果、「高く」なったり「低く」なったりする興奮に、「高くて」圧倒されたり「低くて」飲みこまれるようなこともなく、きちんと導かれていけるのです。自分の思考、気持ちや感情、何かを必要とし、望み、求める気持ちを抱いたまま座り、こうしたさまざまな思いが波となって上下しながら流れていくのを許しましょう。ただその様子を眺めるだけです。掴み取る必要はありません。執着しなくていいのです。

　あなたの手の間を水が流れていくところを想像してください。水を掴んでみてください。力を入れて掴もうとすればするほど、自分の手を強く握ることになるでしょう。これが、水の持つ浄化という一面です。自分の思考、気持ち、感情の流れを観察しているうちに、「掴み取る／すがりつく」ことの無益さを理解し、流れこそがすべての現象の本質だと認識して、心から安心できるでしょう。

　水のエネルギーを理解することは、あなたと変化との関係を理解していくことです。変化とは不変のものです。多くの人が生きていく上ではめこまれているのが文化の鋳型で、それによって私たちは「変化しないもの」を守っていくよう教えられます。家族の

関係や結婚制度、若さ、物質的繁栄です。私たちは生涯幻想を抱きつづけるのです、変化しないものを手に入れることができるという幻想を。

　水のエネルギーに慣れ親しんでいくのは、踊るように日々の生活を送ることに慣れ親しんでいくことであり、踊るようにとは、人生そのもののリズムやテンポ、現れたり消えたりするものと愛情を持って親密に交わっていくことです。この安心して落ち着ける空間では、エレメントのエネルギーをきちんと並べて、自分自身のエネルギーの中へ統合していくことができます。また、より深い知識に落としこんでいくことも。それは、絶えず成長し、成熟していく、奪われることのない知識です。この知識は、改ざんされることもなければ、箱詰めにされたり、売り買いされることもありません。

　流れに身をまかせるのは、「死んだように何もしない」ことではありませんが、屈服感をともなうことがあります。特に戦うか逃げるか、のるかそるかといった極端な感情操作を当然のようにしながら成長してきた人にとってはそう感じるでしょう。流れを見つめるのは、私たちが無理やり、あるいは言葉巧みに着せられていたかもしれないこの拘束服を脱ぎ捨てる機会であり、勇気が必要です。多孔性！　弾力性！　涙、汗、分泌物……あなたの健康の根源は、流れに通じているのです。たとえばあなたの体を支えている皮膚には、一説によると全身で500万個もの毛穴があるといわれています。流れは、私たちの体を一時的な形で維持しているこの「網の目」を、自在に出たり入ったりしているのです。

　水は浄化します。出産時には「破水」し、生まれてきた赤ん坊は洗い清められます。洗礼で用いられるのも水です。宇宙のいたるところで水を探しています。それが生命の存在を示すものだからです。水と流れは生命にとって重要であり、私たちのエネルギッシュな幸福に不可欠なものなのです。

　水には一貫性もあります。水滴がのびたり、あふれたり、落ちたりしていろいろな形をつくる様子を見ていると、流れの過程には一貫性があることがわかります。焦点は流れの一形態です。注意力を鍛えると、集中のエネルギーが現れ、流れが形になります。注意力をゆるめると、形は流れに戻ります。1日の生活の中で、この意識を実践してください。さまざまなものが行ったり来たりし、現れたり消えたりする混沌とした流れの中で、注意を払うという行為を通して、一見流れのように見えるものが、特異な形を与えられ、「状況」となり、「記憶」となることを体験してください。流れの側面に「注意を払う」ことで、流れが自分にとって「本物」と感じられることに気づくはずです。「現実」というのは、形にまとまった流れなのです。

このように、流れそのものを通して、また私たちが流れに意識を向ける方法によって、世の中はその形を成しているのです。私たちが実践を通じて構築した気づきの瞬間は、社会の中で、この世に存在する態度としての注意力を高め、集中力をより良いものにしてくれます。それを存在感といいます。存在感があることで、人生はより深く、より実りあるものになります。私たちが遭遇するあらゆる状況に形をもたらし、その形の質を高めるのは、みなさんが幸福の実践により育んできた注意力と集中力の質なのです。

　流れのさなか、今という時にとどまることは、私たちの人生をはかり知れないほど高める存在の質であり、それはより深く素晴らしい理解、そして存在そのもののより良い受容へとつながります。踊りは、識別の微妙な複雑さと息をのむようなシンプルさの間をうねりながら、一段と美しくなっていきます。娘がかんしゃくをおこすのも、家族のいさかいや仕事のプレッシャー、愛する人の死も、すべては流れの現れです。この流れのエネルギーを理解したからといって、流れがなくなるわけではありません。流れとの交わりの質は、流れから生じる形との交わりとは切っても切れないものなのです。

　心配や不安は、「問題を解決しなければならない」という焦りから生じることが多いのですが、それは結局、頑張って流れを「凍結」したり「遮断」することになります。よくわかる例をあげましょう。子どもが怪我をしたら、当然血の流れは止めなければなりません。けれどここで必要なのは、血の流れは「止める」のではなく、血の流れを子どもの体内に「戻す」のだと理解することです。お子さんの血の流れを止めてしまえば、お子さんの命を失うことになります。どうか気をつけてください。1つのルートをせき止めても、流れは別のルートを見つけます。自分を高めながら、こうした複数のルートについて理解していきましょう。

　流れの力と壮大さの前では、謙虚であってください。

水の瞑想

さあ! 流れよう

10分間の瞑想

椅子や床に置いたクッションにゆったりと腰をおろし、
リラックスしてください。

水のチャクラオイルを深く吸い込みます。

手で水のムドラのポーズをとります。

心と身体を落ち着けて、呼吸に集中し自分自身の存在を感じましょう。

「さあ」と心の中で言いながら、
ゆっくり意識的に、すーっと息を吸います。

「流れよう」と心の中で言いながら、
ゆっくり意識的に、すーっと息を吐きます。

心の中を通っていく思考の流れを認識しましょう。変化の存在を感じ、
思考、感情、感覚が流れていくのを許します。
ただじっと眺めてください。

流れの中に存在する。
手放す。変化にまかせる。
勇気と柔軟性。
関係を持つ。

自分の思考を流れとして認識します。わきあがってくる思考に
名前をつけ（計画、心配）、あなたへの心遣いに感謝し、
わきあがり、流れていくのを許しましょう。

何にが現れるにせよ、それとともにあってください。
あれもこれも、過ぎ去っていくのを許しましょう。

川の流れのごとく常に変化しつつ、クリアになり、水であってください。

人格と考え方をつくる
道徳&目標／情報収集

....

流れには方向が必要です。これを機に、目標について考えましょう。流れを「固定」できると考えるのは、幸福を邪魔するのが私たちにとっては「いい」ことだと考えるようなものです。もちろん、そんなことはありません。本章の基本的な考えは、邪魔するものを排除し、幸福に欠かせないエネルギーの流れをよくすることです。

人間は、実際に流れについて考えることができるという独特の立場にあります。流れについて熟考し、指示し、自身はもとより愛する人や自分の限界を超えた世界にまで影響を与える方向へと、意識的に流れを管理し、動かすことができるのです。私たちの行う選択は、個々人としての私たちを形成します。目標を考える過程において、私たちは流れの方向を考えています。それこそが、周囲の世界を形成していく方法なのです。

このような観点から、私たちは自身がいろいろな関係を基盤にしていることを理解できるようになっていきます。人間という漢字は、人と間と書きます。つまり人間は、人と人との関係で成り立っているのです。生まれ育った文化が何を教えてくれたとしても、私たちは常に他者との関係の中に存在しています。それは避けることなどできないのです。

自分の選択が自分を形成するということは、私たちは「自分で自分を彫刻」する立場にいるわけです。流れの本質が教えてくれるのは、境界などなく、あったとしても一時的なものに過ぎない、ということです。こうした他者への漸進的な自己解放（「同意しよう」）は、他者への思いやりをともない、それは、デール・ライトが「道徳的自己修養」の過程と称したものに現れます。その場は広大です。私たちが無意識のうちに選択しないでいることも、意識的な選択と同程度に私たちを形成しているのです（参考文献10のp.65を参照してください）。

流れについて考えていく中で、私たちは個人のアイデンティティを深めていきます。「善」がもはや自分の利益のためではなく、幸福そのものとして求められるようにするためです。「善を行うこと」と「善であること」は、私たちが「幸せ」であるための手段

なのです。ここでいう善であることとは、自分自身はもとより他者に対してもそうあるよう心を砕くことをいいます。私たちの道徳的範囲と他者への心配りを一致させれば、内へ向かう流れと外へ向かう流れをひとつにできます。そしてそのあとにはすぐに「成功」が続くでしょう。たとえば、「善」と「お金」という文化的条件を等しくするとします。私たちはお金の「流れ」という観点から見て、支払いをするための流動資産を確保するためには、お金の流れがビジネスや支払い能力の維持にとても重要であると考えています。お金を善だと考えているのでお金そのものを目標にした場合、実は流れを邪魔するものをつくってしまうかもしれません。お金がすべてを「解決」してくれると信じこまされているので、「お金」と呼ばれるこの固定観念で流れをせき止めてしまうのです。お金も、すべての存在同様、流れの一部です。お金も動きます。健全な市場はボリュームのある市場、つまり流れのある市場です。市場は上下しなければなりません。呼吸を考えてください、吸ったら吐かなければ！　利益は、お金の流れの上下をもとにした流れから得られます。お金を貯めこみ、掴んで離さなくなっていけば、流れが遅く、細くなって、好ましくない状況に陥っていくでしょう。

　大事なのは、お金を掴んで離さないことではなく、お金で人生を「整える」ことができると考えることです。ここで求められているのは、私たちの欲望と収入源となる仕事、つまり私たちのすることを一致させることです。そうすれば、この結びつきからおのずとお金は流れていきます。この惑星と私たちをとり巻く世の中を考慮して、自分自身のために設定する目標に関連する欲望を理解し、管理していくことは、この結びつきに合致した日々を過ごすということです。この情熱と善とお金の結びつきは間違いなく私たちの生活を向上させます。そして、エネルギーとひらめきの源を提供し続けてくれるでしょう。このダイナミックな関係を、「生きがい」といいます。欲望のパターンを理解し、作っていくには、規律ある観察の力が必要ですが、それはこの実践で育んでいきます。

　この力を育んでいくには、努力しなければなりません。正直な自己評価が必要です。流れに照らしながら、自分の目標について考えてください。あなたが自分のために育んでいる幸福への流れ。その同じ流れに他者を引き込むのに、あなたのしていることはどう役に立ちますか？　他者をも含めるように努力を広げてください。自分の感情、思考、気持ちに責任を持ってください。流れの中で成長していくと、あなたの内なる世界と、同僚や家族、愛する人、知り合いのいる外の世界とが、1つの大きな流れになっていくことに気づくからです。私はこれを気が乗る、流れに乗るという意味で「whelming」と呼んでいます。

自分がどこに向かっているのかを知れば、流れの方向が定まります。このように自分の目標を深く知ることは、さほど大げさなことではありません。朝、幸せな気持ちでベッドから出られることを知るのは、ささやかだけれど大きな意味のある例です。こういったことを目標にしたことはありますか？　これを達成するには、何ができますか？　情報収集です。自分なりにいろいろなことを調べましょう。ネットを検索すれば、膨大な情報が見つかります。私の場合、朝ちゃんと起きられないことをからかわれました。朝なかなか起きられなかったのは、低血圧と甲状腺の状態がかなり悪かったせいだとわかったのは、人生後半になってからでした。ただし、情報源には気をつけてください。ブログもいいですが、それはあくまでも投稿内容が必ずしも自分にとって最優先すべきものではないと承知している場合にかぎります。

　こうした心／精神の問題に関しては、最も信頼できる情報源は自分自身であることを忘れないでください。自分を信用しましょう（地の瞑想）。自分をとりまく状況を観察し、問いかけてください。情報収集し、何が目標達成に必要なのかを学べば、自分自身に対しても、他者の役に立つための能力においても、ますます自信を持てるようになるでしょう。この自信がプロ意識を高め、その結果、あなたの同僚や友人、家族みんなから感謝されるようになります。プロ意識を高め、能力を磨き、信頼される存在になれば、それが態度や行動となって周囲に伝わっていくのです。それが存在様式です。

　周囲の人が、どんなふうに他者と接しているのかを観察してください。ただし、あなたも観察されていることを忘れずに。有益なもの、無益なものは何ですか？　批判に対する建設的な態度を身につけてください。結局のところこれは、あなただけではなく、周囲のみんなのことなのですから。幸福への過程において役に立つ情報を選び、誰もが最善をつくそうとしているだけだと理解してください。そういったことに秀でている人もいます。自分のすべきことは慎重に選んでください。友人や同僚と話をし、自分や将来のビジョンを分かち合える人たちとのつながりを築いていきましょう。

　あなたは何者で、何になりたいですか？　時間をかけて、それなりに決まったことをしていく中で、全体的な探究心を育み、考えることができるようになります。ただし、簡単なことではありません！　とはいえ、驚くほど些細なことから始められます。まずは「どうも」や「ありがとう」という言葉から始めましょう。挨拶は大事です。思いやりの心をはっきり口に出して表現していけば、流れを滞らせることもありません。礼儀正しさが身につけば、互いに傷つけあわずに通り過ぎることもより簡単にできるようになります。みんなが幸福な状態で成長していけば、こうしたささやかだけれど深い思いやりに満ちた

素敵な行動が、あなたから他者へ、他者からあなたへとごく自然に、無意識のうちに生じるようになるのです。私たちが思いやりの心を持って接すれば、周囲の人もそれに応えて、プラスになるような行動を返してくれます。すると私たちもまた、同じような行動を返します。ここから、幸せや豊かさ、シンクロニシティ、喜びが怒涛の勢いで始まっていくのです。

　目標を設けるには、目標を達成するための情報収集と同様、質問する能力が求められます。これには勇気が必要です。また、その過程が信用できなければなりません。あなたが大切に思う相手でさえ、常に心からあなたのことを思っているわけではありません。自分は他者にとっていつも最優先事項ではないと理解するのは、同僚や家族を避けなければいけないということではなく、彼らの前であっても自分を大事にしなければいけないということです。呼吸をしてください。自分自身に戻りましょう。あなたが信頼できる友人（あなたです！）に戻って、その友人を通して世の中と交わっていきましょう。

　ルールには気をつけてください。ルールはいいにせよ悪いにせよ、流れを「固定」しようとするものです。瞑想の練習を進め、自分と世界を構成する流れをしっかりと意識しながら冷静さを身につけていけば、知覚可能な範囲は広がります。そこには自我にとらわれない視点から理解する「ありのままの事実」はもちろん、すべての現象における完成の理解まで含まれるのです。いくら善を行うにしても、それが自分勝手な利益に基づいたルールにしたがった行動であるなら、他者のニーズを思いやったルールを破るより、はるかに幸福への道を邪魔することになります。

　ルールはたいていガイドラインを意味します。しかし、ここでのルールは「熟達した手法」であり、暫定的なサポートの手段です。ルールや命令、禁止令が必要なのは、他者への思いやりが欠如するからです。誰もが自然な形でいたわりあい、思いやる心を持っていれば、人間にはもはやルールも禁止令も必要ないでしょう。ルールに必要なのは柔軟性と能力、つまり、特定の状況で何かを達成するために最も大事なことは、「ゲームのルール」では決められない場合もある、ということを認識する能力です。ルールは、その概念に対する私たちの関係同様、流れに影響を受けます。

ストレッチで姿勢を整える
勇気

・・・・・・・・・・・・・・

　水のエレメントの瞑想から続けて行う場合は、クッションをはずして、床に座りなおしてください。「ああ」という静寂な瞬間を見つけましょう。それは、私たちが「音」として「聞く」エネルギー波で生まれ、構成されている宇宙のへそです。この「ああ」に自分をつなぎとめてください。そのまま、「ああ」と考えたり口にしたり耳にしながら息を吸い、ついで「ああ」と考えたり口にしたり耳にしながら息を吐いていきましょう。

　水のエレメントで、あなたの周り、上下、そして自分の中を動くエネルギーの流れを管理し、導いていきます。こうした力を認識し、受け入れていくことは勇気がいります。気持ちや感情が洪水のようにあふれかえる経験をするかもしれないからです。より高い次元の自分との意思疎通をはかり、不健康な状況を受け入れ、変化の必要性を認め、実際に日々の生活に変化をもたらすには、進むべき方向を意識し、その方向を追求していく勇気が必要です。自分の目指す場所（目標）と、そこへたどり着く方法（情報収集）といった感覚を育むための空間は、あなたがそこへいく方法に磨きをかけていく空間でもあります。それは、瞑想をしているときもいないときも、あなたが日常生活を送るために欠かせない勇気を確立していく過程です。

　あなたが出会うすべての機会やすべての人は、彼らやあなた自身のために、心身が健康であることを明らかにする機会ですから、どうか安心してください。

　感謝しながら始めましょう。腰から前屈し、最上級の絹の布よろしく、自分の体を床の上に広げていきます。足は、あなたとあなたの幸福な体を「地」に「とどめる」あなたの体の一部です。感謝の気持ちをこめて、背骨／チャクラが垂直に並んでいるセンターラインに向かってお辞儀をします。上体をやさしくゆっくりと右膝へと動かしていきます。膝に近づくにつれて、上体を起こしていってください。想像力を働かせましょう。自分が波に乗っている、あるいは自分が波になり、その波が岩に到達する様子をイメージしてください。波が、膝の上に到達します。津波のような巨大な波かもしれません。あるいは、湖岸に打ちよせる波かも。この波頭の位置が、あなたが実践できるギリギリの高さであり、あなたが圧倒されそうな危険を感じる場所です。このギリギリの場所こ

そ、勇気を磨くところです。

　これはあなたの小波であり大波です。あなたの意志でどうにでもできます。こうした発想は、死、離婚、失業、悲しみ、恐れなどの通常であれば圧倒されてしまう感情や考えを抱くことで瀬戸際の気持ち、つまり「ギリギリの状況に追いこまれた」気持ちで臨むことです。自分はとるに足らない存在だ、孤独だ、周囲から忘れさられている、寂しい、怖い、不安だ、恐ろしい、心配だ、苦しいなどのあなたを押し流そうとするあらゆる状況に効果があります。

　波頭の上に立った瞬間、自分を解放してください！　それから右膝の上にそっと落ちていき、そこで休みます。6回呼吸をしてください。この一連の動きは、大げさなものではありません。あなたを見ていた人は、あなたがたった今津波を切り抜けてきたばかりだとは夢にも思わないでしょう。あなたはもう一方の岸に着きました。波に乗り、さらに波間に怪我なく落ちました。もちろん無事です。もっと波がくるかもしれません。もしかしたら、こないかも。すべて順調です。落ち着いています。穏やかです。この状態を維持しましょう。自分のものにしましょう。

　準備ができたら、ゆっくりと慎重に真ん中へ戻っていきます。ゆっくりと着実に、すべてを押し流すように。頭はできるだけ床に近づけてください。真ん中でお辞儀をします。あなたは生きています！　感謝しましょう。左膝の岸を目指して、次の波を起こしていきます。波に乗ります。しばらくこの状態を維持し、相反する力の間に身を置くことで得られるバランスのいい平静さを味わえるかもしれません。自分を解き放ち、左膝の上でゆったりと休んでください。6回呼吸をします。左膝に感謝しましょう。膝にキスするように鼻先を軽く触れるかこすりつけてください。ありがとうの気持ちをこめて呼吸をします。波はすでに過ぎ去りました。あなたは安全です。あなたはあなたのままで、生きていて、傷も負っていません。予期された恐れや混沌とした状態を切り抜けた自分の勇気と能力をほめたたえましょう。

　こうした動きを心をこめてくり返すことで、恐怖や不安、閉塞感、闇に対処するのに役立ちます。このようなシンプルな動きを意識して行うことで、波動、つまり海中で昆布が流れに身をゆだねて揺れるような、生命の揺らぎや変化に意識を向けていけるようになります。あなたもその場で、時間をかけて体を動かし、呼吸しながら、まるで海の中にいるように身をゆだねてみましょう。そして動きながら、自分の心／精神の状態を観察してください。このとき、「善」であることも練習します。この瞑想には、10分あれば十分です。6つのエレメントを通して行っても、1時間くらいでできるでしょう。

足を組みかえ、もう一方の足を前にした状態で、今までの動きをくり返してください。さっきとは感じが違いますか？「主導する」のが右足か左足かでどんな違いがあるでしょう？　違いに気づいてください。それだけで十分です。

　仕事やパートナーとの関係、家庭、自分自身や同僚とのいい状態を求めて、自分にとって善なるものの感覚を育んでいくと、現世における自分の目標を探求し、その目標が「意味をなす」ものかどうかを理解するための情報収集をするにはどうしたいいかも考えられるようになります。より大きな視点でいえば、道徳と倫理の問題です。あなたは自分を、惑星や星や星雲、すべてを含めた大きな存在の一部と見なしたいと考えています。自分の道徳的な基準を理解し、その基準を周囲に合わせていくには、繊細さはもとより、自己認識と勇気も必要です。

　流れを管理し、導いていく内なる手段を構築し、維持していくには時間がかかります。自信と勇気に満ちた、確実な行動指針があれば、周囲の状況の変化はもちろん、自分の考え／感じる心／精神の流れに押されたり引っぱられたり、持ちあげられたり引きずりこまれたりしても、耐えられるでしょう。

　文学には、スキュラとカリュブディスの神話的な流れの影響を受けて生まれた場面がたくさんあります。気づけば「岩と困難な場所」に挟まれ、対立者と「衝突」するのです。引き波は流れの影の部分です。固く握りしめていたものを離しましょう！　力があなたを通り、あなたとともに、あなたの内外を流れていくにまかせられるよう、勇気を持って練習しましょう。そうすれば「余裕」が生まれ、より巧みにあなたのコースを誘導していけます。自分や他者の利益のために流れを管理して、善なるもの（道徳性）を得るときは、注意してください。「波」を巧みに、そして安全に誘導するたびに、自分をほめることに慣れましょう。

　自分を、自分や自分の幸福、あるいは他者の幸福を邪魔する存在としてとらえないでください。あなたがここにいるのは、自分や周囲の人を勇気づけるためです。ここは広がり続ける場所、流れがどんどん「押し広げられていく」あなたがいろいろなことを経験していく場所なのです。

水のストレッチで姿勢を整える

勇気

10分間の瞑想

床に腰をおろし、あぐらを組みます。落ち着いて楽な姿勢でかまいません。
ただし、気は抜かず集中してください。

ゆっくりと意識的に「ああ」と心の中で言いながら息を吸います。
次に、「ああ」と心の中で言いながら息を吐きます。

この呼吸を意識して続けながら、お辞儀をし、そのまま額を床に近づけます。

感謝のお辞儀をした状態のまま、「ああ」と心の中で言いながら
6回呼吸をくり返します。

上半身を右膝に向かって波のように動かしていきます。
右膝にいくにしたがって頭を上げていきましょう。ここで無事に波を
乗り越えたことを意識しながら、頭を下げ膝の上に乗せてリラックス。

そのまま「ああ」と心の中で言いながら6回呼吸をくり返します。

感謝の気持ちを抱き、頭を床につけて、体を真ん中に戻しましょう。

上半身を左膝に向かって波のように動かしていきます。
右膝にいくにしたがって頭を上げていきましょう。ここで無事に波を
乗り越えたことを意識しながら、頭を下げ膝の上に乗せてリラックス。

頭をのせたまま、「ああ」と心の中で言いながら6回呼吸をくり返します。

感謝の気持ちを抱き、頭を床につけて、体を真ん中に戻しましょう。

右側から真ん中、そして左側へというこの流れるような動きを、
好きなだけくり返します。その後、足を組みかえて、
一連の動きをくり返してください。

水のチャクラオイル

各植物オイルのマントラとエネルギーへの理解をさらに深めましょう。

カルダモンがメインノートとなるこのブレンドは、自分自身との関係や他者との関係を穏やかに尊重してくれる、ぬくもりのあるオイルです。クラリセージ、ベルガモット、マジョラムは信頼感をサポートし、流れを増幅して元気をくれるのがオレンジです。パチュリは変化や成長の大事な本質を気づかせてくれます。そして、シナモンがこの変化と成長の気づきを自分自身に活用できるよう励ましてくれるのです。水のチャクラの位置、おへそのすぐ下のあたりにオイルをつけても良いでしょう。

自分を信じる

クラリセージ（葉／花）：
　明るく元気づけてくれるクラリセージは、自分が成し遂げたことに満足できるよう、内なる精神が落ち着くよう励ましてくれます。

やる気を出す

オレンジ（果皮）：
　太陽のエネルギーを発散するオレンジは、穏やかでありながら、決意に満ちてもいます。また、再生や生命力とも関係があります。

やさしい空間

カルダモン（種子）：
　他者に対してはもちろん、自分に対しても思いやりを持つことを思い出させてくれるカルダモンは、心を開き、寛容の精神を信じるよう励ましてくれます。また、私たちが自分や他者との関係において感じる負担を減らす力にもなってくれるのです。

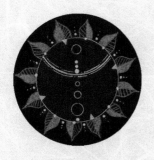

光とともに

ベルガモット（果皮）：

　気分をあげ、エネルギーを与えてくれるベルガモットは、私たちを精神と結びつけてくれます。そして、癒しのエネルギーを供することで、自己批判や自責の念を手放せるようにしてくれるのです。

分かち合う

マジョラム（葉）：

　誠実さを築いていく強さの源であるマジョラムは、大いなる変化の中でも真実をとどめます。私たちをとり巻く混乱や、混沌とした状況の中にあっても、私たちの中心をなす空間を開き、魂との意思の疎通をはからせてくれます。

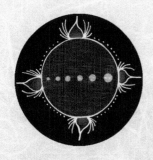

解き放つ

パチュリ（葉）：

　予期される限界から私たちを解き放ってくれるパチュリは、時間をとって自分をいたわることこそが聖なる行為だと思い出させてくれます。

共感しあう

シナモン（種子）：

　力づけてくれて、やる気にさせてくれるシナモンは、自信を持たせてくれます。それによって、自分の心の奥に秘めた繊細な部分とつながったり、大事な人とふれあったりすることができるのです。

水のオイル
レシピ

1　水のチャクラオイル

クラリセージ	6滴
オレンジ	6滴
カルダモン	3滴
ベルガモット	3滴
マジョラム	2滴
パチュリ	1滴
シナモン	1滴

　10㎖容量のボトルに各エッセンシャルオイルを入れ、上から分留ココナッツオイル（FCO）を注ぎ足します。

※1滴の量は、約0.05㎖が標準とされています。

2 水のディフューザーブレンド

カルダモン　　2滴
クラリセージ　2滴
ベルガモット　1滴
（水200mℓに対しての分量）

　水道水と一緒に上記の各エッセンシャルオイルをディフューザーに入れてください。
　ご使用になっているディフューザーのタンク容量により、オイルの量は増減してください。

3 水のバスブレンド

パチュリ　　　5滴
クラリセージ　5滴
オレンジ　　　5滴
カルダモン　　3滴
マジョラム　　3滴
（200mℓ計量カップに対しての分量）

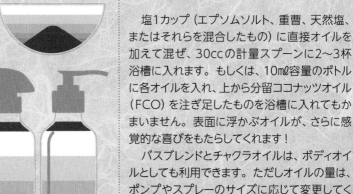

　塩1カップ（エプソムソルト、重曹、天然塩、またはそれらを混合したもの）に直接オイルを加えて混ぜ、30ccの計量スプーンに2〜3杯浴槽に入れます。もしくは、10mℓ容量のボトルに各オイルを入れ、上から分留ココナッツオイル（FCO）を注ぎ足したものを浴槽に入れてもかまいません。表面に浮かぶオイルが、さらに感覚的な喜びをもたらしてくれます！
　バスブレンドとチャクラオイルは、ボディオイルとしても利用できます。ただしオイルの量は、ポンプやスプレーのサイズに応じて変更してください。
※バスソルトやオイルを浴槽に入れる際には、お使いの浴槽メーカーの取扱説明書をお読みの上、ご自身の判断でご使用ください。

...

明晰さは
幸福の基本

...

BREATHE & BE WITH
· · · · · · · · · · · · ·
NOTES

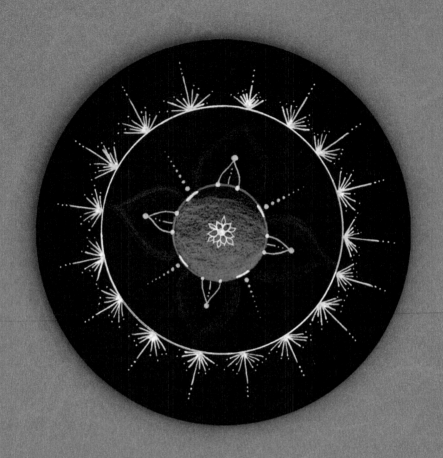

FIRE

HIGHER FIRE

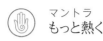

マントラ
もっと熱く

ムドラ
火

瞑想の
チャクラオイル
火

人格をつくる
寛容

考え方をつくる
**さまざまな観点
からの理解**

ストレッチで
姿勢を整える
好奇心

火のエレメント

　火の本質は、成し遂げることです。火はすべてを焼き尽くしていきます。6つのエレメントの中で最も目立つかもしれません。電球の「輝き」が蛾を引き寄せるように、私たちの関心を引きます。自然界では、雷や溶岩が国境を越える火山噴火として現れます。苦痛や破壊同様、不安や畏れをもたらす力の出現です。

　けれど、火は痛みをやわらげ、傷つきやすくサポートが必要な人に、ぬくもりと安らぎを与えるのです。太陽の光、抱擁のぬくもりも火のエネルギーから生まれます。小さな火花が、あっという間に森全体を荒れ地にします。火は大事な人の顔を「照らす」ことも、温め、燃やし、焦がし、浄化をもするのです。また、火は洞察力の「閃き」のエネルギーであり、計画達成までを見通すエネルギーです。圧倒的に不利な状況にも負けずに前進する、生き抜くための不屈の決意でもあるのです。

　火は地と水の側面を取り込み、その上に位置します。堂々と存在しなければ、自分の火により「燃え尽き」、枯渇し、屈してしまうかもしれません。水のエネルギーの流れを理解しないと、火を生産的に燃やせません。計画は未完に終わり、気落ちして会話も途切れ、自分だけでなく他者のやる気も衰え、結局は消えてしまうのです。

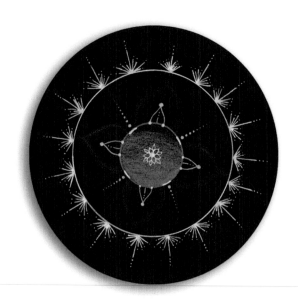

マンダラ

・・・・・・・・・・・・・

　ゆったりとくつろいで座ります。何度か深呼吸して、あなたが安全で落ち着いていると自律神経系に伝えてください。

　火のマンダラを見つめると、中央に配されたぬくもりのある赤い4枚の花びらに地のエネルギーが深く組みこまれていることがわかるでしょう。このぬくもりのある赤の周囲には、中央から（水の色の）白が広がっています。金のエネルギーが縁の端に向かって放射状にのびており、このマンダラは、周囲を照らす火花を散らしながら燃えているのです。

マントラとムドラ

・・・・・・・・・・・・・・

　この内なる空間は火が燃える場所です。深く呼吸をしながら、自分の内なる神聖な火花をきらめかせながら、熱望します。「もっと」と言いながら息を吸い、自分の存在の中の最も深く、最も暗いところへ空気を送りこんでください。「熱く」と言いながら息を吐き、鼻の穴からぬくもりが抜けて、周囲に拡散していくのを感じましょう。この気づきを、好きなだけ実践してください。この10分間、あなた自身である神聖な光に心を向けるだけでいいのです。それを知って、安心して休んでください。

　水の瞑想から続けて行う場合は、水のムドラから祈りのムドラ（両手を合わせて、6つのエレメントすべての浸透を現します）へと手を慎重に動かしてください。火のチャクラはおへその真上にあります。ここは、消化の火が強く感じられる場所です。火の瞑想では、手は祈りのポーズのままにしておきます。このムドラは、あなたが自身の神聖な火花や、そのエネルギーが私たち自身よりもはるかに大きな力とどうつながるかを探索する機会だからです。

瞑想と火のチャクラオイル

火のチャクラオイルを手に取り、いろいろな植物を組み合わせた、この刺激的な香り
を吸い込んでください。芳香植物への感謝の気持ちと、自分を認める気持ちが混ざり
あって、1つのまとまった感覚を体験できるでしょう。自分を認めなければ、感謝はあり
ません！　努力して、自分の息が吸い込まれるのを感じてください。そして、自分の体
の内側からこの感覚と触れあいましょう。

　洞窟にいる人たちに、炎によって壁に映る影を「本物」と間違えないよう、できるだ
け早く洞窟から出るよう忠告する、というプラトンのたとえ話があります。精神の探求を
していくと、この洞窟が実は逃げ出すものではなく、入っていって探求する場所であるこ
とがわかってくるでしょう。この洞窟は、火（野心、決意、内なる火花）によって壁に映
された影（私たちの思考）をじっくりと観察するのに適した場所を供してくれるのです。
私たちは、この影によっておびえたり恐れたりするようになりますか？　自分の「影」を
怖がるのでしょうか？　もっとはっきりいえば、自分の「火」を怖がるのでしょうか？　火
が大きくなれば、影も大きくなるということを忘れないでください。

　こうした影のある存在が、あなたにとってどんな意味を持つのかをよく観察してくださ

い。意味は変わりますか？　炎が大きくなると、影はより恐ろしくなりますか？　炎が小さくなるにつれて、影は大きくなるのではありませんか？　あなたが影にさらなる光を当てれば、影はもっと近づきやすくなりますか？　こうした影は、あなたの心／精神を通して投影されるのです。

　6つのエレメントの中で最も誤解され、誤用されているのがおそらく火のエネルギーでしょう。人類がいち早く考案したものの１つとして知られる火のエネルギーは、人間の手によって花火から銃器へ、粛清や軍事行動などで数え切れないほどの人々を火あぶりにするといったおぞましい暴力行為を後押しするものから、火と水のエネルギーを利用した蒸気エンジンの動力源、そして産業革命の起爆剤まで、さまざまに変遷してきました。人間の手になる火は強力なツールであり、人間の最も暗く残忍な面を明らかにしうるもの、つまり地獄の火です。

　向上心の火は往々にして、高尚で活気に満ちていると考えられていますが、あっという間に利己的で破壊的なものに変わる可能性があります。向上心に名を借りただけの強欲な思いは、他者を傷つける正当な理由として利用されることがまま認められます。西洋の資本主義を母体とした文化の中で育ってきた人にとって、向上心の火は、他者に対しても私たち自身に対しても、孤独と寂しさ、恐れ、敗北の長い影を投げかけてくるものなのです。

　自身の向上心の火に圧倒されない人、私たちの文化がすこぶる賞賛し、アメリカン・ドリームとして語られる成功への過酷な道を頑張って歩いていける人は、とてもまれです。成功する人は、心／精神がどうあるべきかなど意に介さない人が多いといえます。

　私たちは気をつけなければなりません！　火は華々しく、力もあります。火が一度勢いよく燃えさかれば、生きとし生けるものに与えられた選択肢は、逃げるか、身を潜めているか、降伏するかしかありません。燃えさかる炎の光景は人々を魅了します。冬の夜空高く駆けのぼり、色あざやかに火花をまき散らす炎。風向き次第で木はたちどころに灰と化します。私たちは、熱が届くぎりぎりまで炎に近づいていけます。どこまでなら熱すぎずに近づけるでしょうか？　どれくらい遠ざかると寒くなるでしょうか？　これは、火のエネルギーに必要な認識レベルです。一度限度がわかれば、火がおのずと燃え尽きるのを待つのが一番です。あるいは、そうではないかもしれません。自分のために用意した安心して落ち着けると決めた場所において、限界がわかれば、自身の内と外で燃える火の本質を安全に学ぶことができるでしょう。

　消防士は、抑制と忍耐が火をコントロールする鍵だと知っています。あなたの友人の

「かんしゃく」、議論から生まれる「熱」。このように火のエネルギーに飲みこまれる人たちは、徹底して無分別に見える可能性があります。炎に駆られるまま「自制心を失った」状態の人々には、炎が消えるまで、少なくともあたたかい輝きになるまでは近づけません。火花が森を破壊することがあるように、怒りが手に負えない理不尽さに変わりうるのです。

　決断力、忍耐力、熱意は火のエネルギーの特徴です。仏教では、武士のイメージを用いて、火のエネルギーと、思いやりの道における我慢強さや決断力を示すのに必要なものを説明しています。寛容を育めば、家族の物語やトラウマ、自尊心の問題、文化的条件づけを探求する際、役に立ちます。それらは、あなた自身の幸せと自分が決めた目標に向かって頑張ろうという強い自信を築くのを邪魔をするものです。あなたの流れが勢いづけば、火はそこにあります。あなただけの蒸気エンジンの誕生です。

　だからといってここで大事なのは、その場にいる生きとし生けるものすべてをなぎ倒すことではありません。火のエネルギーは、自分や他者を勇気づける手段としてよりも、武器として誤用されることがままあるのです。燃えている線香は、もう火に触れる必要はありません。人がたくさんいる部屋に入ると、その部屋は、あなたが出会うすべての人の目の奥に灯る小さな炎で満たされます。この人たちそれぞれの炎に「点火」する力も、あなたには見えない他者の炎を「あおる」力も、あなたの中にはあるのです。こうして計画は達成されていきます。自分と他者の炎に向かって「同意しよう」と言い、周囲の人たちの炎を循環させていきましょう（「さあ！　流れよう」）。自分自身に「火をつけて」、そのエネルギー（熱意）を他者に伝えましょう。

　火のエネルギーの外面的な表現は達成感です。内面的なものは成長です。成長していくことで、達成感を得られます。この瞑想する場所であなたが育んでいくのは精神的成長です。この実践は、日常生活の中で行います。日々の生活の中に創造的な活動のためのスペースをつくりましょう。そこでは人々があなたの想像力を「きらめかせ」、あなたは他者の中でその「きらめき」を循環させることができます。これは決断力の包括的な側面です。火のエネルギーが他者との関わりの中で用いられ、すべての人の利益となるのです。火は、自己強化のためだけのものではないのです。

　邪魔なものを「燃やし尽くす」ことができるのが火の特徴です。火の瞑想の実践においては、じっと座ったまま、いつまでたっても終わりそうにない気がする2分間に、この燃やし尽くすという特徴は現れます。そのとき、私たちの心は、何かやらなければいけないことがある。それも、今すぐにやらなければいけないことが、あれやこれやあるとい

うような掻き立てられる思いや焦燥感といった試練を伝えてくるのです。私たちは、火によるこの試練に最後まで耐えます。そして、私たちの心が目の前に描き出すこうした精神状態（影）を前にして、決断力を示すことで、「火」を用いて「火」と戦うのです。自己認識は、決断力と忍耐力の産物です。自分の影を知りましょう。影がそこにいるのは、あなたに注目されたいからです。影に注意を向けましょう。そうすればおのずと、影を形づくっている火の明かりがあらわになってきます。

　高野山での修行中、私は、心身ともに苦難に直面していたときの深い決意から多くを学びました。自分の火のエネルギーを使いこなせるようになれば、自分が実はとても力があることを学べます。また、感情的な強さも得られるので、自分や周囲の世界における理想的な変化を想像していくこともできるようになるでしょう。

火の瞑想

もっと熱く

10分間の瞑想

 椅子や床に置いたクッションにゆったりと腰をおろし、
リラックスしてください。

火のチャクラオイルを深く吸い込みます。

手で火のムドラのポーズをとります。

 心と身体を落ち着けて、呼吸に意識を集中し
自分自身の存在を感じましょう。

「もっと」と心の中で言いながら、ゆっくり意識的にすーっと息を吸います。

「熱く」と心の中で言いながら、ゆっくり意識的にすーっとて息を吐きます。

 呼吸をしながら、上唇に注意を向け、
呼気のたびに感じるぬくもりに感謝します。

このぬくもりであること。寛容と親切。
好奇心を生み出す。決断力を持って生きる。

寛容と好奇心の中、あなたに生気を与えてくれる
ぬくもりについてじっくりと考えます。

 何が現れるにせよ、それとともにあってください。

あなた自身の成果を受け入れ、あたたかくあって、
あなた自身であり、火であってください。

人格と考え方をつくる
寛容&さまざまな観点からの理解

- - - - - - - - - - - - - - - -

　火のエネルギーの認識には、寛容になる実践が必要です。思いやりから生まれ、力の場所から育まれてきた寛容には、自分を含めたすべての人の幸福への責任がともないます。今いる場所で実践をしていく中で、呼吸と同じように精神状態も現れたり消えたりすることがあると理解できるようになってきます。精神状態や、強烈な気持ち、喜び、欲望、感情が現れたり消えたりするのをそのまま受け入れることを学んでいきましょう。実践を重ねることで、常に寛容でいられるようになります。それは忍耐力や思いやりの実現でもあり、穏やかで集中力のある態度の現れでもあります。

　内なる風景への気づきを育む中で、自分自身への感謝（地）や勇気（水）を身につける方法を学んできました。火が求めるのは、私たちを生き生きさせてくれるこの知識を循環させること。そうすれば、私たちの内と外の両方にある、さまざまな観点からの理解ができるようになります。いつものように、練習は自分で始めましょう。座ればおそらく、私たちが他者に見せる顔の下に隠した悲しみや、心の奥底にしまいこんだ恐れといった感覚があることが理解できるでしょう。この悲しみ／恐れには、独自の観点、家族や友人との出会いの歴史、独自のニーズと欲望が組み合わさったものがあります。この感情としっかり向き合ってください。それには、あなた自身のこの側面における幸福に対する好奇心と穏やかな心遣いが必要です。この感情はどんなことを伝えていますか。もしあるなら、あなたにどんなことを求めているのでしょう？　おそらく1つの答えは、自分をいたわる態度にあるでしょう。

　力の場所から生じる寛容は、受け身でもなければ無関心でもありません。苦しみは避けられるものではなく、私たちの生活をより「快適に」するために何千年もの努力の末に生まれた物質的文化は、私たちが手にしようとするものがどれほど「豪華」であろうと、出口戦略を与えてはくれないと認識する中に、寛容はあります。

　同時に寛容は、気まぐれなものではありません。肝心なのは、長い目で見たときに、あなたや他者のためにあなたが何を望むのかについて「大局的」な気づきを得ていくことです。このことは、目標と情報収集について話したときにすでに考察しました。心

の内に、世の中を見る「大局的な視線」を持てば、こうした目標を達成し、自分が選んだこの世の中に踏み出していくのに必要かもしれない苦痛や不足も、受け入れやすくなるでしょう。

　決断力と忍耐力には寛容さが必要です。私たち自身はもとより、周囲の人たちの心や精神にもある違いを受け入れることを学ばなければならないからです。観点は人によって千差万別です。あなた自身も、自分の中に相反する観点があるかもしれません。こうした異なる観点に対する冷静さを育むには、ある程度視点の変化がともないます。するともはや、身についている、そして「偏見を持った」視点の泥沼にはまることなく、他者の視点を包含していけるようになるのです。これは、他者の視点に同意しなければならないということではなく、幸福を手にするために他者の視点を受け入れる、ということです。心を開けば、自分を「見つめる」過程で、他の生きとし生けるものに活気を与えているエネルギーがきちんと見えるようになるでしょう。

　自分と他者の周囲に、私たちがいとも簡単にはりめぐらせている判断のロープをゆるめるのは大事なことです。何年か教鞭をとっていた経験から気づいたのですが、学生は、これが「正しい」とかあれは「間違っている」といった判断をくだすと、すぐさま心／精神の扉を閉ざしてしまいます。そして、それきり考えることをしません。成長が止まってしまうのです。けれどこの瞬間は、「教えの時間」でもあります。そこで次のステップでは、やさしいマッサージを始めます。簡単で、威嚇的ではない一連の質問をして、学生に自分自身について考えてもらうのです。学生が、非難されていると感じないようにすることが不可欠です。あなたが自問し、成長するために安心して落ち着いて瞑想できる場所が必要なのと同じで、あなたの同僚や知り合い、パートナー、家族も、本当に成長するには、あなたの前で安心できなければなりません。

　寛容の特徴である臨界距離によって、心を開き、バランスと思いやりと生産性を備えていけるようになります。寛容はある意味で我慢と関係があるかもしれませんが、私の経験では、我慢には創造的エネルギーを覆い隠し、妨げる防御姿勢が往々にして見られます。我慢は拒絶、寛容は受容です。愛する人の死や、不当な扱い、人間がもたらしあう嫌悪といった耐えられない状況下でも、寛容は、現状にとどまるよう励ましてくれます。そういった行為を許せといっているのではありません。直面している苦難から逃げたり、殻にこもったり、心を閉ざさないように、ということです。

　火は、苦しみの中を通り抜けていくことを教えてくれます。やり過ごしたり、無視したり、避けるのではなく、自身の痛みも他者の痛みも、底までしっかり見おろすのです。

怒り（そして怒りの炎）は簡単に、軽率で思慮のない形のエネルギーに変わります。火のエネルギーがよくわかるようになってきたら、座って、この点について探求してください。どうして、何のために怒るのですか？　あなたが幸福になるための過程において、怒りがどう作用するのかを調べながら、利己的な怒りと他者のための怒りの違いを理解してください。木の枝から枝へと飛びうつる炎のように、まったく別の問題に自分を「向かわせる」練習をしましょう。異なる観点から状況を見ているところを想像してください。この新しい立場は、その状況を考えるためのより広い視点をどうやって与えてくれるでしょう？　他の観点も取り入れた、この一段と広い視点を得たあなたは、どう感じますか？　解き放たれた感じでしょうか？　これまでの「狭かった」視野に、多少とも余裕が生まれましたか？　もう少し自由に動き回れる気がしますか？　前ほどストレスは感じませんか？　反応はよくなりましたか？　あなたの火は、より生産的に燃えることができますか？　あなたは、悪意を持って誰かれかまわず怒りをぶつける「感情をコントロールできない人」ですか？

　幸福は、その過程で遭遇するすべてのものに対処できるよう、自分を訓練する実践です。いいですか、すべてのものです。自然は語ります。人間の本質も同じです。幸福は、苦難と直面しなくなることではありません。幸福とは、異なる観点から苦難と向き合っていくことです。このより広い視点は、あなたの中に他者を含めるより広い視野を包含します。このより広い視点によって、私たちは日々を生きながら、人生に関するさまざまな観点に対して、さらなる寛容を実践することができるのです。

　邪魔なものに思える酷評、不快感、認識された痛み、そして実際の痛み。これらは幸福への道で役に立つ燃料でもあります。どれも、実際に溶かしてしまうことができます。煮詰めておいしいスープにするのです。そのとき使うのが、寛容の実践で鍛造された大釜です。すると人生はさらに面白くなり、かつてひるんだものも、意欲をそそる刺激的なものになります。そこには確かなぬくもりもあります。その源こそ、あなたの中の火なのです。

　火がついたら、気をつけてください！　私たちが自分でおこす炎も、他者が生み出す炎も、頼りは寛容です。ある日、上司や友人、パートナーがとんでもないことを言ってきたら、あるいはお子さんが、友だちは誕生日プレゼントにゲーム機をもらったのに、どうして自分にはないんだと文句を言い始めたら？　いずれも幸福の実践の機会です。けれど、次から次へと降りかかってくる出来事に、どう対処すればいいのでしょう？　上司／パートナー／友人／子どもがあらわにするエネルギーを、どう考えればいいでしょう？

幸せな友だちを前に自分の子どもが経験する不幸せ。上司／友人／パートナーに押しつけられる理不尽さ。持てる知識を駆使して、こうした強力なエネルギーを他のものに変え、私たちはもちろん、彼らや彼らとの関係を成長させていく機会とするにはどうしたらいいでしょう？　相手の立場に立ってみることです。彼らはどう思っているのでしょう？　相手の立場に立ち、心を開いて理解しようとすることが、どうやってすべての人の幸福を高めていくことになるのでしょう？

　幸福への道すじは、私たち自身と他者の苦しみは人生の一部だという認識の中にあります。苦しみは、私たちが生み出すものではないのです！　しかし私たちに求められているのは、自身と、他者の心／精神の中の苦しみの実態を、やさしさと冷静さを持って、正直に認めることです。地獄の炎に耐える能力がなければ、誰も幸福の喜びを手にすることはできないのです。

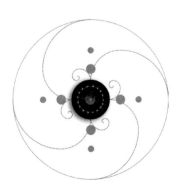

ストレッチで姿勢を整える
好奇心

　床に座ったまま続けます。火は往々にして壮観です。火のエレメントのこの側面に、見られるエネルギーとパフォーマンスを探ることで取り組んでいきます。心を落ち着け、呼吸を意識したら、手か指先で、左右どちら側でもかまいませんから、床をやさしくたたきます（たたかなくても大丈夫です！）。それから、両手のひらを頭上でパン！　と合わせます。火の立てる音です！　心の目で見るあなたは、天に向かって燃えあがる炎です。地面から尾骨を通り、脊柱をらせん状に上昇し、頭頂部を抜けて天空まで、あなたの体の中心を走っているラインに自分を向けます。スパイラルコイルを想像すると、わかりやすいかもしれません。

　このエネルギーのラインは、あなたの体の左右のバランスをとって、きちんと維持してくれるものです。左右、上下といった空間の方向感覚を与えてくれます。このセンターライン（脊柱／心／精神）はあなたの世界軸です。忘れないでください。このことを認識して、ここから力を引き出していきます。

　十分に注意しながら、右ひじを右膝のかたわらの床に落とします。ついで、右側のできるだけ自分に近い床の上に右の前腕を静かに置いてください。左腕は、自分が炎になったイメージのまま、高くあげておきます。ここで呼吸をしてください。準備ができたら、左手を慎重にこのエネルギーの柱までおろして、首の後ろにそっと置きます。胸を開きましょう。自分の未来を迎えながら、未来に自分をアピールします。体の右側をさらに床に近づけていきながら、ストレッチを続けてください。

　胸を前に開き、好奇心を育みます。自分の未来を迎えます。未知なるものに心を配りながら思考や感情に注意を払ってください。体の右側をゆっくりと、できるだけ床の近くまで動かしていきます。火に息を吹きこんでください。前に向かって呼吸をします。

　未知なるものに対する受容と好奇心を持ち、上半身を開いて向き合います。ここで、6回呼吸をくり返してください。深呼吸をしながら、このストレッチと自分の体／心がどのように交わっているのかを意識しましょう。胸を開いたまま、肩甲骨を下げます。未

知なるものに心を開きながら、好奇心を忘れずに臨んでください。

　準備ができたら、首の後ろに置いておいた左手をあげ、腕を思い切りのばします。目いっぱいのばしたら、自分の体の中心を走っているエネルギーの柱（センターライン）を想像して、掴んでください。掴んだら、そのままそれを利用して自分の体を床から持ちあげていきます。ゆっくりと、ぐらつかずに。全神経を集中させます。左手がこの「柱」をすべり落ちてきたら、床から右腕をあげて、両手でやさしくこのエネルギーの柱を「持って」ください。少し時間をとって、パフォーマンスの概念について考えてみましょう。この中心を貫くパワフルな力を迎え、交わるときには、勇気を持って、自分の美しさと力強さを示してください。

　両手がこの「柱」からすべり落ちてきたら、真ん中の位置に戻ります。前に屈み、額を床につけてください。心で感謝しましょう。この「お辞儀」の状態を維持します。おめでとう！　あなたを見ている人が手をたたいています。左側でもこのストレッチをくり返し続けていきましょう。左の前腕を床に置き、右腕を頭上高くあげて、右手でやさしくそっとエネルギーの「柱」を掴んでください。

　左側のストレッチを終えたら、感謝しながら真ん中に戻り、次のストレッチを始めます。右手をやさしくそっと、右膝にのせてください。左手は、左膝の後ろ側の床に置きます。体がぐらつかないようバランスを取るためです。

　息を吐き、左に体を回すとき、あなたの上体はぐっと上にのび、心／精神は確実に、上へ上へとのぼっています。水平軸の観点から見ても、拡大している火です。あなたのエネルギーは、脊柱をのぼっていきます（垂直）。同時に、あなたが脊柱の背後にあるものを見るためにその周りを回るとき、あなたの周囲に放射状に広がってもいるのです（水平）。好奇心を育み、自分の未来に出会ったら、自分の過去を迎え入れましょう。火のエレメントも、他のエレメント同様、過去も現在も未来も包含しているのです。

　このローテーションの始まりや終わり近くで呼吸をします。6回くり返すのが理想的ですが、無理せずできる範囲でやってください。何より、息切れしないことが肝心です！過去を深く呼吸してください。もはや役に立たないパターン、つまりあなたの幸福を不能にし、あなたの環境での幸福を阻害し続ける原動力たるものを処理し、なくしてしまいましょう。いったん認識（意識）できれば、次は癒しがもたらされます。そうなればもう何もする必要はありません。苦痛は明らかになるでしょう。怒り、当惑、恐れ。こうした思考や感情はすべて、過去に流しましょう。ただその存在を認識するだけです。好きにいかせてください。もしかしたら、傷に気づくこともあるでしょう。その傷は、あなた

自身を含む特に大事な人たちのそばで起きた、裏切りや私利私欲、恐怖や欲求からもたらされたのかもしれません。

　癒しには、ティファニー・キャロルがその著（参考文献2）で「代々受けついできた傷」と称するものを理解する過程で、他者を許すことも含まれます。いずれにせよ、じっくりと時間をかけて行いましょう。こうしたパターンは、長い年月をへてつくられてきました。一晩で変わるものではありません。あなたの役に立ってもきたのです。それを理解してください。感謝しましょう。許すのです。そして、あなたがいいと思ったときに解き放ってください。

　6回呼吸を繰り返したら、ゆっくりと真ん中に戻ります。感謝の気持ちを忘れずに。額はできるだけ床につけるように。練習を重ねれば、体も柔らかくなっていきます。

　次は右側です。左手は左膝の上に。右手は、右膝の後ろ側の床に置いて体を支え、上体をゆっくりと慎重に右側へ回していきます。顔をしっかりとあげ、顎は軽く引いて、胸を開いてください。自分の過去に息を吹きこみます。好奇心と穏やかな探究心を示しながら、限界まで体を回しましょう。次第に、あなたの過去の背後や中にあるものがわかってきます。そのままの体勢で呼吸を6回行いつつ、自分の背後にあるものについて考えてください。練習を重ねていけばやがて、自分の背後に存在するあらゆるものが明確に見えてきます。ただし、無理は禁物です。時間をかけてやりましょう。

不動明王

　キャンプファイアの炎のように、やさしくあたたかな好奇心を育んでください。ときには、その「ぬくもり」を強力な炎に変えて、自分の内外の邪魔なものを吹き飛ばさなければならないかもしれません。真言宗で忿怒の姿を仮に現している明王は、いずれも恐ろしい顔をしています（特に有名なのが、左に示した不動明王です）。思いやりと幸福の道に沿って歩き続けていくには、自身の「燃え立つような」側面を避けては通れない人間に力を貸すためです。

　足を組みかえて、これまでと同じ動きを今度は左側でくり返してください。4つの火のストレッチ（垂直の火：右側／左側、水平の火：左側／右側）を順次行います。その際、必ず左右の足を組みかえて、左右がきちんとバランスのとれた状態になるようにしてください。

火のストレッチで姿勢を整える

好奇心

10分間の瞑想

床に腰をおろし、あぐらを組みます。落ち着ける楽な姿勢でかまいません。
ただし、気は抜かず集中してください。

ゆっくり意識的に「ああ」と心の中で言いながら息を吸います。
次に、「ああ」と心の中で言いながら息を吐きます。

この呼吸を意識して続けながら、お辞儀をし、そのまま額を床に近づけます。

感謝のお辞儀をした状態のまま、「ああ」と心の中で言いながら
6回呼吸をくり返します。感謝の気持ちのまま、リラックス。

上体をゆっくりと上げ、背すじを真っすぐにのばしましょう。
右手は右膝に、左手は背後の床に置いて、上体を左にひねっていきます。

その姿勢のまま、穏やかな好奇心を持って、あなたの後ろにある
過去の自分と一緒にリラックス。
「ああ」と心の中で言いながら6回呼吸をくり返します。

上体をゆっくり真ん中に戻し、額を床に近づけ
感謝の気持ちでお辞儀をします。

上体をゆっくりと上げ、背すじを真っすぐにのばしましょう。
左手は左膝に、右手は背後の床に置いて、上体を右にひねっていきます。

その姿勢のまま、穏やかな好奇心を持って、あなたの後ろにある
過去の自分と一緒にリラックス。「ああ」と心の中で言いながら
6回呼吸をくり返します。愛と思いやりと受容の心も忘れずに。

上体をゆっくり真ん中に戻し、額を床に近づけ
感謝の気持ちでお辞儀をします。

左側から真ん中、そして右側へ、というこの流れるような動きを
好きなだけくり返します。左右の足を組みかえて
一連の動きをくり返しましょう。

火のチャクラオイル

各植物オイルのマントラとエネルギーへの理解をさらに深めましょう。

ローズマリーとジュニパーをベースにした穏やかでありながら刺激的なこのブレンドは、心身の「霧」を取り払い、前進すること、処理・消化することをサポートします。私たちの統合と幸福への努力を妨げている、邪魔なものに気づかせてくれます。

レモン、ベルガモット、ライム、グレープフルーツは、それぞれ異なる特徴を持つ柑橘系のオイルで、精神面では気分を高揚させ、身体面では血行を促進するといった働きをします。

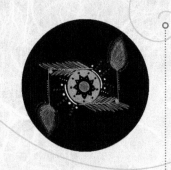

行動する

ローズマリー（葉）：

　幸福への道をいく私たちの前にある課題を達成するために力を貸してくれるローズマリーは、決断力をサポートしてくれます。私たちとつながりたいと思っている、同じような考えの人がいると教えてくれることで、自信を持たせてくれます。

始めよう

ジュニパー（木／果実）：

　清めと浄化のジュニパーは、邪魔なものをきれいにしてくれます。間違いから学ぶよう励ましてくれ、日々の生活における微妙だけれど大事な変化を支えてくれます。

明瞭さが救う

レモン（果皮）：

　明るく元気になれるレモンは、集中力も高めてくれます。そして気がつけば精神の成長が自然とクリアになっています。

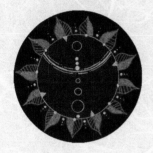

光とともに

ベルガモット（果皮）：

　気分をあげ、エネルギーを与えてくれるベルガモットは、私たちを精神と結びつけてくれます。そして、癒しのエネルギーを供することで、自己批判や自責の念を手放せるようにしてくれます。

人生は豊か

ライム（果皮）：

　自身の寛大さを楽しく理解させてくれるライムは、私たちが決意を固める精神の最も奥深い場所にあっても、一人ではないことを思い出させてもくれます。

心配ない

グレープフルーツ（果皮）：

　昔から続く傷や行動様式から生じる邪魔なものを除いてくれるグレープフルーツは、自分の存在の奥深くから自分の思いを吐露できるようにしてくれることで、私たちならではの目的の力を支えてくれます。

火のオイル
レシピ

1

火のチャクラオイル

ローズマリー	6滴
ジュニパー	6滴
レモン	3滴
ベルガモット	3滴
ライム	2滴
グレープフルーツ	1滴

　10mℓ容量のボトルに各エッセンシャルオイルを入れ、上から分留ココナッツオイル（FCO）を注ぎ足します。

※1滴の量は、約0.05mℓが標準とされています。

2 ○········ 火のディフューザーブレンド

- ● ● ● ローズマリー　　　　3滴
- ● ● レモン　　　　　　　2滴
- ● グレープフルーツ　1滴

（水200mlに対しての分量）

　　水道水と一緒に上記の各エッセンシャルオイルをディフューザーに入れてください。
　　ご使用になっているディフューザーのタンク容量により、オイルの量は増減してください。

3 ○········ 火のバスブレンド

- ● ● ● ● ● グレープフルーツ　5滴
- ● ● ● ● ● ジュニパー　　　　5滴
- ● ● ● ライム　　　　　　　3滴
- ● ● ● ベルガモット　　　　3滴
- ● ● ● レモン　　　　　　　3滴

（200ml計量カップに対しての分量）

　　塩1カップ（エプソムソルト、重曹、天然塩、またはそれらを混合したもの）に直接オイルを加えて混ぜ、30ccの計量スプーンに2〜3杯浴槽に入れます。もしくは、10ml容量のボトルに各オイルを入れ、上から分留ココナッツオイル（FCO）を注ぎ足したものを浴槽に入れてもかまいません。表面に浮かぶオイルが、さらに感覚的な喜びをもたらしてくれます！
　　バスブレンドとチャクラオイルは、ボディオイルとしても利用できます。ただしオイルの量は、ポンプやスプレーのサイズに応じて変更してください。
※バスソルトやオイルを浴槽に入れる際には、お使いの浴槽メーカーの取扱説明書をお読みの上、ご自身の判断でご使用ください。

...

成長していくことで、達成感を得られます

...

発刊記念ワークショップ

NATURE'S NARRATIVE

ネイチャーズ ナラティブ

Well-Being in Body, Speech and Mind

全12回開催予定

第1回のテーマは
地のエレメント

開催日時

第1回 2022年
6月25日 (土)
13:30〜15:00
※ 2回以降の開催日程は、
　HPでご確認ください。

EARTH

SAY YES

参加費用

各回　1,000円 (税込)

 水 火 風 空 識

＼ お申込みはこちらから ／

詳しいイベント情報や今後の開催予定は、
特設サイトにて随時お知らせします。
◀ QRコードからアクセスください！

GAIA BOOKS
Mind, Body & Spirit
ガイアブックス

〒107-0052 東京都港区赤坂1-1細川川ビル2F
TEL03-5549-2361
https://www.gaiajapan.co.jp

BREATHE & BE WITH

NOTES

AIR

SHARE AIR

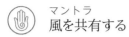

マントラ
風を共有する

ムドラ
風

瞑想の
チャクラオイル
風

風のエレメント

人格をつくる
やる気

　風（空気ともいう）は私たちと可能性を共有しています。これまでの章で、自身の肉体や周囲の物質世界を構成する力についての気づきを身につけてきました。風のエネルギーとエレメントとともに移行していくのは、自身の存在の物質的な面（地、水、火）のみならず、触知できない精神面（風、空、識）も含めたところです。

考え方をつくる
影響

　生命は呼吸の翼に乗ってやってきます。私たちは息を吸い、息を吐きます。この大事なくり返しの行為がなければ、自力で行動できないばかりか、生きてもいられません。この惑星の生物圏は、私たちの生命を維持するこの風（空気）を作り出しています。それは生命の贈り物です。そのおかげで私たちは存在していられます。風のおかげで私たちは、生命そのものの親密な存在を確かに感じ、生命とずっといられるのです。

ストレッチで
姿勢を整える
じゅういつ
充溢

マンダラ

． ． ． ． ． ． ． ． ． ． ． ．

　次の10分間の瞑想をじっくりと行うために、席につき、数回深呼吸をしてください。ゆっくりと、目の前の風のマンダラに思いをめぐらせます。無限にも見える光の深みから発しているスポーク／花びらのあふれんばかりのエネルギー。それと同様に目を引くのが緑色です。水のマンダラと同じで、周囲で時計回りに回転している波状の線は、動きを示しています。風も、水のように動くのです。異なるのは、風の動きの特徴が相互交換である点です。

　緑がハートチャクラの特徴なのは、自然には風がつきものだからです。この惑星で、風と自然は切っても切れない関係にあります。植物が作り出す新鮮できれいな空気に、私たちは自然とほっとします。頭がすっきりし、「楽な呼吸」ができ、「余裕」が生まれ、幸福を邪魔するものはその力を失います。山登りをしたり、海辺や森を散歩するのは大事です。新鮮できれいな空気のある自然の中で、安心感を取り戻せるからです。安心できれば、仲間にも気軽に接することができます。心からの行動もしやすくなり、思いやりも生まれます。のびのびと呼吸できる環境に恩返しをすることで、自身の健康も育めるのです。そして、自然と自分にも他者にもやさしい気持ちになれるのです。

マントラとムドラ

・・・・・・・・・・・・・

　「風を」と言いながら息を吸います。みんなで共有するこの風をしっかりと吸い込んでください。それから「共有する」と言いながら感謝の気持ちをこめて息を吐きます。自身の肉体の肺に深く入りこんだこの風（空気）を、外に返すことを意識してください。体に風（空気）を出し入れするバランスを意識し続けることで、心の落ち着きを経験できるでしょう。入れて、出す。自分で蒔き、自分で刈りとるのです。私たちが他者にどう接するか、その態度に、他者からどう対されるかが現れています。このダイナミックな風のエレメントの気づきを介して、内なる風景と物質世界とはバランスを保っています。新しい行動様式や私たちの考え方／感じ方における変化（吸気）は他者と共有されます（呼気）。このバランスは、私たちの体を細胞レベルで満たしてくれます。

　風のエレメントにおける瞑想のムドラは、両手の親指をそれぞれの人指し指の上に軽く置きます。左手の親指と人指し指でつくった小さな「O」を左膝にのせてください。右手の「O」は胸骨まで持っていき、手のひらを胸に向けます。右手の残り3本の指は、軽く心臓に当ててください。右手に金剛杵、左手に数珠を持ってこのムドラをしながら座している空海の姿が、よくネットにあがっています。

このムドラの目的は、風のエレメントが現れる肺と心臓に同調させることです。この
マンダラ、マントラ、ムドラを介して風のエレメントと同調することで、意識的で相互的な
交わりの経験を明示します。言い換えれば、やさしさと思いやりの経験と交わるので
す。緑が教えてくれるのは、共存は生きとし生けるものすべてにとって基本的な側面で
あるという認識です。幸福は、この気づきから生まれ、保たれていくのです。

瞑想と風のチャクラオイル

・・・・・・・・・・・・・・

　準備ができたら、風のチャクラオイルを両手のひらにつけてください。両手をそっと合わせて、ユーカリとゼラニウム、ベルガモット、シダーウッド、ラベンダー、パチュリ、イランイランをブレンドした、この生き生きする香りを吸い込みます。

　あなたがあなたであること、経験してきたこと、変えようとしていることに愛と感謝をこめて、両手のひらでやさしく顔を覆ってください。肌の感触、りんごのような頬、やさしい曲線を描く眉毛に感謝しましょう。この貴重な時間をゆっくりと堪能し、心に感謝の念があふれてくるにまかせます。気が向けば、風のチャクラオイルを胸につけても良いでしょう。物理的な体の胸には、ハートチャクラと風のエレメントがあります。

　風は幸福をもたらします。風は、必要とされているところに行きます。植物は、私たちにその貴重なオイルのみならず、美しく新鮮な空気も供してくれます。風は誰もが自由に利用できます。自然によって絶えずつくられていて、私たちが頼む必要はありません。風のエレメントの特徴が緑色なのは、自然が、植物の作り出す新鮮できれいな空気の中でこそ元気だからです。そんな風を私たちは受け取りますが、植物が見返りに求めるのは、生きることだけなのです。

人生に邪魔なものなどないと風は教えてくれます。幸福とは、自分の周囲の人たち
が、生活の場や物的手段、民族性やジェンダーなどに関係なく、自分なりのやり方で、
その人の持つ個性を失うことなく、自分の幸福を維持する権利を自然に与えられること
です。幸福の追求とは、自分のみならず、周囲の世界のためにもよいことを追求するこ
とです。健全な環境では、平常心（呼吸のバランス）が自然に保たれます。

　他者の呼吸を意識していく中で、私たちは自身の呼吸に対する意識にともなう精神
状態に心を配り、自分と他者の精神状態をよい行動へと向けていきます。すると私た
ちは、健全な行動をするようになるのです。必要な分だけを取り入れ、感謝して返す。
多めに取れるときは多めに取り、余裕があるときには多めに返す。風が制限され、自
由に呼吸ができないと、ストレスがたまります。心が締めつけられ、不安が続けば、誰も
が苦しみます。楽に呼吸をして、より楽に生きていきましょう。

　完璧主義にこだわり、狭い考えにとらわれ、視野も狭く、不足を抱えたまま仕事をし
ているような精神状態では、自由に呼吸ができなくなり、自分の幸福を台無しにしてしま
います。パニック発作は息切れが特徴です。呼吸を意識する練習をし、呼吸を管理
すれば、心／精神を安定させることができ、さらにはこうした状態が無意識の反応にな
る前に、観察することもできます。いったん自分の精神状態を観察できれば、内なる世
界も形成していけます。自分にプラスになるのはどんな感情でしょう？　マイナスに働
くのはどんな気分ですか？　私たちの風との交わり方は、私たちが人生そのものとの
交わり方を意識する手段です。風を意識できるようになれば、人生や自身とうまくつき
あっていける機会を得られるのです。

　風のエネルギーを活用すれば、物理的な体から精神的な体の経験へと移行できま
す。風は強力ですが、目には見えません。風の有無が人生そのものを左右します。
風のエレメントについて考えれば、見たり触れたりはできないものの、自分よりもはるか
に強い力に慣れていくでしょう。地、水、火という最初の３つのエレメントは、私たちが
物理的な体を構成する力に気づくのに一役買ってくれています。風のエレメントの瞑想
では、空間と意識の領域にまで拡大する、より高いレベルの気づきが待っています。い
よいよ「見えない」領域に入っていくのです。

　風のエレメントがあるのはハートチャクラ、胸骨の後ろです。息を吸い、肩を楽な位
置に戻します。胸を開き、風にしっかり触れているのを感じましょう。胸筋をゆったりと
広げます。これでもっと自由に呼吸ができるでしょう。鎖骨を安定させれば力が出ま
す。

風はどこにでもあって、どこにもないもの。けれど、あなたがいるところには常にあります。風のエネルギーに気づくことで、共存の確信が生まれます。物理的なプラットフォームを介して行う風の交換は、私たち全員を呼吸という1つの行為に結びつける基本的なことです。あなたの風は私の風。そして私の風はあなたの風です。

風を共有する

10分間の瞑想

 椅子や床に置いたクッションにゆったりと腰をおろし、
リラックスしましょう。

風のチャクラオイルを深く吸い込みます。

手で風のムドラのポーズをとります。

 心と身体を落ち着けて、呼吸に意識を集中し
自分自身の存在を感じましょう。

「風を」と心の中で言いながら、
ゆっくり意識的にすーっと息を吸います。

「共有する」と心の中で言いながら、
ゆっくり意識的にすーっと息を吐きます。

 呼吸をしながら、大きく広げた肺に空気が満ちていくのを感じます。
心が解き放たれ、楽になります。大きく広げた肺から空気が出ていきます。
心は解き放たれ、楽になります。

風とともにある。
受け入れること、吐き出すこと。
バランスをとり、思いやりを持つ。
すべてにやさしく。

風が肺に生気を与えるのを感じてください。
あふれるほどの生命力を感じてください。

 何が現れるにせよ、それとともにあってください。

豊かであってください。やる気でいてください。
風であってください。

人格と考え方をつくる
やる気&影響

. . . .

　西洋文化で描かれる天使には翼があります。人間の体の外につく翼は、体内にある肺の形をしています。天使は空中でくつろいでいます。天使の翼は、彼らの体の肺／ハートチャクラの位置についています。そこは、私たちの体／精神が思いやりの心の「翼をつける」場所だからです。

　風が物理的な体の肺に入ってくると、私たちは精神的に翼をのばします。翼を広げて、その力を試すのです。そして、大きく広がった翼の中から、自身のやる気を手に入れます。意図と意思を本気でひとつにして、自身の決断に完全に一致させます。この一致を誠実と称します。欲望と理想が一致すれば、私たちは心から行動します。やる気を活用するだけではなく、人生も楽しみます。笑いと驚きが絶えません。シンクロニシティもあります。出会いの機会も。「ラッキー」なことがたくさん起こるようになります。私たちの乗ったエネルギーのホバークラフトは、精神の波をわたり、私たちの未来へ、そして私たち自身へと運んでいってくれるのです。

　私たち自身のため、そして世の中のために、私たちみんなが元気でいられるよう健全な状態にしていくには、やる気が必要です。それもたくさんの。平常心を保ち、世の中と実りある関係を築くには、どうやって自身のやる気を管理し、入手し、導いていくかを理解しなければなりません。エネルギーレベルは、私たちに何ができて、何ができないかを明らかにするだけではなく、できること、できないことに対する私たち自身の考え方や感情を方向づけます。知的、精神的、物理的な力にもエネルギーは必要です。

　私たちは幸せだと、周囲の人や環境からエネルギーを受け取ります。注意しながら1日を過ごしましょう。私たちのやる気を消耗させる人を避ける必要はありませんが、自分のやる気が、友人や同僚、家族からどんな影響を受けるかは意識してください。これを意識していれば、あなたがいつ「一息」つくべきかがわかります。目標や参加者の意図がどれほど良いものであっても、役割や責任は、私たちのやる気を制限する可能性があります。自分をよく観察し、建設的な態度を身につけてください。そうすれば、自分が利用可能なエネルギー量の変化によりしっかりと気づけるようになります。

自分の力の源を考えてください。あなたのやる気は１日を通して増減しますか？　収縮したり、膨張したりは？　そんなやる気はどこにありますか？　あなたを精力的にする活動や人、状況について考えをめぐらせたことは？　こうしたやる気の使い方は、あなたの意図や意思、幸福の追求と一致していますか？　誰が、そして何が、あなたの時間やエネルギーを「奪って」いるのですか？　自分の意思で生き、自分が成長していくなら、環境からエネルギーを吸収していくようになります。パワー全開、何の制限もありません。明晰さが目の前の道を照らしてくれるでしょう。もちろん、休憩もします。それも「しっかりと」。

　私たちは健康を介して自分のためにやる気を生み出します。同時に、他者にも用いられうるやる気を送り出すのです。すると人々が喜んであなたの周りに集まってきます。あなたも喜んで彼らといます。あなたは自身の未熟な利己主義を超越し、すべての人の利益に心を向けていくのです。自分がより大きな状況の一部だとしっかり認識すれば、あなたは向上し、成長していくでしょう。

　欲望も、怒りと同じでエネルギーの形です。欲望が私たちを突き動かします。欲望のエネルギーをいかに使うかは、幸福の重要な側面です。欲望は、空気と同じで見ることも触れることもできません。自分の欲望を管理することで、やる気を使いこなしていくのです。息をしようと必死にあえぐと苦しくなるように、物を手にしようと必死になると、不安になります。欠乏感や不足感は、欲望を叶えることでしか満たされないと私たちは考えています。理解はできますが、何かを手にするのは自己中心的であり、孤立しています。子どもがしがみつくのは、怖いからです。ライフガードは、おいそれとは溺れている人に近づきません。彼らの意思がどれほど尊いものであっても、大変な状況で必死に空気を求めてあえいでいる人にうかつに近づけば、自分も溺れてしまうことを知っているからです。

　深く、楽な呼吸は、周囲の世界を受け入れます。反対に必死の呼吸は、世界との戦いを明らかにし、幸福を妨げます。つまり、私たちの欲望を、貪欲や執着、依存から遠ざければいいのです。そのためには、私たちが欲しくてたまらないものではなく、欲しくてたまらないものと私たちとの関係が問題だ、との認識が必要です。この考えを受け入れ、その意味を考えてください。もしあなたがあれこれ手に入れたら、それはどんな意味を持つのでしょう？　手に入れたものは、あなたをどこに連れていくのでしょうか？　誰が、どんなふうに影響を受けるでしょう？　あなたにとっての意味は何でしょう？　他者にとっては？　惑星にとっては？　ここで短期的な利益が終わり、どこから長期的な損失

が始まるのかに注意してください。

　幸福の追求には、影響をしっかり考えることも含まれます。私たちが直面するすべての行動、思考、感情は、私たち自身と周囲に影響をおよぼします。落ち着いてゆっくりと考えることができる瞑想のための空間が大切なのは、自己防衛や自己妨害に対する無意識の戦略や、意識的や無意識的などを問わないこうした戦略が私たちの生活におよぼす影響についても、この空間であれば安心して探求できるからです。このような精神状態を明らかにし、その存在を認識するだけで、幸福へと向かう道がはっきりと見えてくるでしょう。

　日常生活の中で、気づきの練習をしてみましょう。私たちは、何らかの形で反感や不快感を抱くような人や出来事を目の当たりにすると決まって、感情的、精神的、そしておそらくは肉体的にも反発を覚えます。この反応は、瞬時に起こりうるものです。この感情が、どこから、どうやって起こるのかに注意してください。あなたの心臓は本当に「こわばり」ますか？　縮むのを感じますか？　それは、「押し出す」ような感情的な感覚をもたらす強制的な収縮ですか？

　今度、反感や不快感を覚える状況に遭遇したら、ひと呼吸置いてください。たとえば、地下鉄の線路内でネズミを見つけるとか、明らかに何週間、ひょっとしたら何ヶ月もお風呂に入っていない人を見かけるなどの本当に衝撃的な状況から、ファッションセンスのない人を見たり、いらいらする同僚がいるといったごく些細なことまで、人によって感じるポイントはさまざまだと思いますが、そのような状況に遭遇した時の自分の反応を認識し、体がどんな反応を示すかを知りましょう。その反応が起こっている場所を突き止めます。どれくらい続くかに注意してください。きっかけを覚えておきましょう。準備ができたら、この心臓が縮む／こわばる状況をやわらぐ状況に置き換えていきます。自分のやる気を使ってやさしさと思いやりを感じ、それを、あなた自身が贈り物であるかのように、反発を覚える状況に向けてください。最初のうちは、状況観察も思いやりの気持ちを持つことも、やらされている、と感じるでしょう。自分が日常生活で無意識のうちにあらわにしている他者への侮蔑があまりにも多いことに、うろたえるのでなければ驚くかもしれません。けれど練習していけばそのうちに、自然とやさしい気持ちで応じられるようになります。反応はすぐにおのずとやわらいでくるでしょうが、やさしさをひけらかす必要はありません。ただ、やさしさを表し、それを心の内で他者の心と分かち合ったという「事実」は、大きな影響をもたらします。同時に、自分自身や他者からの嘲笑を前にしても、自分や他者にやさしく対応できる力を育んでいるのです。

風　AIR

自分自身や心、体、予想される結果を一致させれば、調和がもたらされます。自分の本能と争わなければ、心も安らかです。だからこそ、心と精神の衝動を理解し、受け入れ、方向づけ、無意識の反応から進化させることが大事なのです。いいことは私たちを元気にしてくれます。私たちの存在を、いいこと、つまり「善」や心の落ち着きと一致させれば、みんなに幸福がもたらされるのです。

それでもやはり、私たちの能力には限界があります。出し入れできる空気の量も限られています。そんな空気と同じように、私たちが常に利用できるのがエネルギーです。私たちはこれを自然の法則として知っています。アインシュタインと彼の導いた等式E＝mc²のおかげです。エネルギーを扱うというのは、エネルギーそのものではなく、欲望やものと同じように私たちとエネルギーとの関係を扱うのです。

高野山にこもっていたときの私にとって、エネルギーとの関係を理解し、管理するのは、驚きの体験でした。問題は、やる気を持っているかどうかではなく、それをいかに利用していくか、なのです。やる気の管理を意識的に行うことで、幸福をサポートできます。6つのエレメントはいずれも、エネルギーの現れです。これらのエネルギーとの関わり方次第で、どう幸福になっていくかが決まるのです。

休息とリラクゼーションは大切です。

何が自分を「再生」させてくれるのか、喜びをもたらし、リラックスさせてくれるものは何なのかを理解してください。喜びに対する感性を磨いていきましょう。それも継続して。味覚を研ぎ澄ましていけば、卓越した満足感が得られるようになります。自然食品店の濃厚でとびきりおいしい手づくりチョコレートを一口食べれば、その深みのあるコクが、チョコレートバーなど足もとにもおよばないことに気づくかもしれません。仕事（義務）や家族（責任）に向けるのと同じやる気で、楽しむことを大事にしてください。

真剣に昼寝をしましょう。声をあげて笑い、あたたかな感受性を忘れずに、意識して楽しむようにしてください。自分を鍛えましょう。視野を広げてください。幸福を求める過程で、何かしら衝突もあるでしょう。けれど大事なのは、その衝突の中身です。自分や他者のために全力をつくしましたか？　より良いことを意識しましたか？　あなた／他者が直面したこの衝突がなぜ起こったのか、より大きな視点から考えることを意識しましたか？　学んでください。建設的な経験を重ねながら、進んでください。呼吸をしましょう！　そして、リラックスしてください。もう一度呼吸をして、始めましょう。自分の道を進みながら、ユーモアのセンスを身につけてください。宇宙が肩をたたき、鼻にぶつかり、あなたとあなたの存在という素晴らしい世界の深みへと誘ってくれるでしょう。

ストレッチで姿勢を整える
充溢

．．．．．．．．．．．．．．

　クッションをはずすか、ヨガマットや絨毯の上など床にスペースを確保してください。あぐらを組むか、もっとリラックスした形（ビルマ人のあぐら）で座ります。背筋はのばしたまま、くつろいでください。数回呼吸をして、内なる旅を体現する準備をしましょう。風のエレメントが持つエネルギーや意味合いを頭の片隅に置き、気づきを意識しながら「ああ」と心の中で言います。

　風のストレッチで行う動きは、バーニー・クラークによる陰ヨガの中の「スリーピング・スワン」として知られています。このストレッチは、私たちが自由に使える豊富なエネルギー源を持っていることを知ったうえで、あらゆる存在への思いやりを示すよう、私たちの心に呼びかけています（参考文献3のp.131を参照）。

　座ったら、まずは前に置いた脚に体重をかけていきながら、膝から足首までが腰と平行になるようにします。この体のストレッチ（スリーピング・スワン）と、それに続く心のストレッチ（思いやり）が、あなたの豊かさとの関係にどう関わっているのかを考えながら、ゆっくりと動いていきましょう。呼吸するための空気はたっぷりあり、あなたの心／精神には、自身や他者へのあなたの行動の影響を管理するための十分な余裕があることを忘れないでください。豊かさやエネルギー、それらの影響について考えながら、もう一方の脚を、背後に広がる空間にのばしていきます。両手のひらは、肩の下の床につけて、体を支えてください。

　後ろ脚をのばしきったら、意識して上体をしっかりとのばし、真正面をむきます。そのまま、ぐらつかないようバランスをとってください。後ろ足の指を広げ、足の甲と指で床を押します。この広い空間の中で、自分の存在の長さと幅を感じてください。

　ゆっくりと慎重に、できる範囲で前脚の上に上体を倒していきます。腕は、自分が一番楽な場所に置いてください。頭の両脇でまっすぐのばしても、頭をのせて休めるよう、額の下で曲げてもかまいません。6回呼吸をします。自分の心の一番奥深くまで入っていきましょう。骨盤下部とお尻の表層にある大臀筋がしっかりのびていることを感じてください。

後ろ脚が、背後の見えない広大な空間に達しているのを感じましょう。あなたはとてつもなく広大になりました！　可能なら、両腕を頭の先の床までぐっとのばして、さらなる広大な空間を体感してください。そのまま休みます。このエネルギーの広がりの中でリラックスしましょう。あなたのための空気もエネルギーもたっぷりあることを理解し、その意識を自分の体／心に向けてください。背後の見えない空間に達するときと、目の前にあるまだ果たされていない経験をするときに、あなたがおよぼす影響を認識してください。

　6回の呼吸を終えたら、静かに上体を起こし、脚を入れかえます。もう一方の脚を腰と平行になるように配し、もう一方の脚を後ろにのばしてください。後ろ足の指を曲げて、しっかりと体を安定させましょう。後ろ足の甲を利用して、後ろ脚を固定します。足指を広げて、できるだけ床にぐっと押しつけてください。上体を前に倒し、この広がりの中で休みます。これまでの人生で経験したことのない、新たな空間で体を思いきりのばしてください。たくさんあるエネルギーは、あなたが管理し、育んでいく、あなたのものであると認識してください。この深いストレッチは、ユーモアを持ち、楽しみながら行いましょう。健康のための実践、その効果を、今すぐに実感してください。過去はあなたの後ろにあり、現在は下に、そして未来はあなたを待っています。

　呼吸をしましょう。

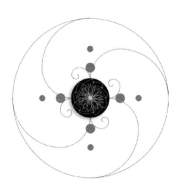

風のストレッチで姿勢を整える

充溢

10分間の瞑想

 床に腰をおろし、あぐらを組みます。落ち着ける楽な姿勢でかまいません。
ただし、気は抜かず集中してください。

ゆっくりと意識的に「ああ」と心の中で言いながら息を吸います。
次に、「ああ」と心の中で言いながら息を吐きます。

 呼吸を意識して続けながら、前脚に体重をのせ、
もう一方の脚は後ろにすべらせて、
まっすぐにのばしていき、背後の床に足の甲をそっと固定します。

前脚の上に、頭と上体を慎重に倒していきます。
両腕は、頭の脇の床にゆったりと置いても、
前にぐっとのばしてもかまいません。

 豊かさが、縦にも横にも大きく広がったあなたの体全体に
ゆきわたっていることを実感してください。
満ちたりた気持ちで、呼吸し、リラックスしましょう。

その状態のまま、6回呼吸をくり返します。

 体をもとの状態に戻したら、脚を入れかえて、
一連の動きをくり返してください。

風のチャクラオイル

各植物オイルのマントラとエネルギーへの理解をさらに深めましょう。

ユーカリ、ゼラニウム、ベルガモットをベースにした癒しのブレンドです。ハートチャクラを静かに優しく開き、自分自身や他者との付き合い方やつながりについての新しい視野を広げられるようになります。女性らしいぬくもりを感じさせるゼラニウムの甘さと、官能的なサポートをするイランイランの調合が、ユーカリの広がりとバランスを取り、ベルガモットが活力を与え私たちと精神をつないでくれます。ラベンダーとパチュリは、私たちが神聖な存在であり、癒される存在であることを思い出させ、シダーウッドが、「背筋をのばし」耐え抜くことを可能にする信頼感を与えてくれるのです。

楽に呼吸を

ユーカリ（木／葉）：

　　全身に効果のあるユーカリは、古代から伝わる癒しのオイルで、くっきりとした、すがすがしい新たな視野をもたらしてくれます。私たちの過去を尊重し、私たちがすでに持っている癒しの力に敬意を表してくれます。

変化にしたがう

ゼラニウム（葉／花）：

　　女性的なエネルギーのぬくもりを示すゼラニウムは、私たちが心を開いて変化し、再生できるよう、不安を克服させてくれます。

光とともに

ベルガモット（果皮）：

　　気分をあげ、エネルギーを与えてくれるベルガモットは、私たちを精神と結びつけてくれます。そして、癒しのエネルギーを供することで、自己批判や自責の念を手放せるようにしてくれます。

頼りになる

シダーウッド（木）：

　背の高い凛とした木のつねで、シダーウッドは私たちの精神を安定させてくれます。おかげで、困難に直面しても、憤ったり反感を抱いたりすることなく、頑張ってやり通すことができるのです。

愛されている

ラベンダー（葉／花）：

　エッセンシャルオイルの母なる女神ラベンダーは、私たちに癒しの手で触れ、私たちが成すべき健康への道で、私たちは大切にされているのだとやさしく教えてくれます。

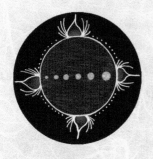

解き放つ

パチュリ（葉）：

　予期される限界から私たちを解き放ってくれるパチュリは、時間をとって自分をいたわることこそが聖なる行為だと思い出させてくれます。

自身を持って

イランイラン（花）：

　甘く官能的な香りのイランイランは、私たちの心を開き、私たちの情熱や喜びの基本的なよさを信頼するよう、サポートしてくれます。

風のオイル
レシピ

1. 風のチャクラオイル

🌢🌢🌢🌢🌢🌢	ユーカリ	6滴
🌢🌢🌢🌢🌢🌢	ゼラニウム	6滴
🌢🌢🌢🌢🌢🌢	ベルガモット	6滴
🌢🌢🌢🌢🌢	シダーウッド	5滴
🌢🌢🌢	ラベンダー	3滴
🌢🌢	パチュリ	2滴
🌢	イランイラン	1滴

10㎖容量のボトルに各エッセンシャルオイルを入れ、上から分留ココナッツオイル（FCO）を注ぎ足します。

※1滴の量は、約0.05㎖が標準とされています。

2 風のディフューザーブレンド

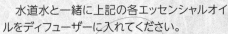

- シダーウッド　2滴
- ユーカリ　　　2滴
- ベルガモット　2滴

（水200mlに対しての分量）

　水道水と一緒に上記の各エッセンシャルオイルをディフューザーに入れてください。

　ご使用になっているディフューザーのタンク容量により、オイルの量は増減してください。

3 風のバスブレンド

- ラベンダー　　6滴
- ユーカリ　　　6滴
- シダーウッド　4滴
- ベルガモット　3滴
- ゼラニウム　　3滴
- イランイラン　2滴

（200ml計量カップに対しての分量）

　塩1カップ（エプソムソルト、重曹、天然塩、またはそれらを混合したもの）に直接オイルを加えて混ぜ、30ccの計量スプーンに2〜3杯浴槽に入れます。もしくは、10ml容量のボトルに各オイルを入れ、上から分留ココナッツオイル（FCO）を注ぎ足したものを浴槽に入れてもかまいません。表面に浮かぶオイルが、さらに感覚的な喜びをもたらしてくれます！

　バスブレンドとチャクラオイルは、ボディオイルとしても利用できます。ただしオイルの量は、ポンプやスプレーのサイズに応じて変更してください。

※バスソルトやオイルを浴槽に入れる際には、お使いの浴槽メーカーの取扱説明書をお読みの上、ご自身の判断でご使用ください。

...

楽に呼吸をして、
より楽に
生きていく

...

BREATHE & BE WITH

NOTES

SPACE

EXPAND

マントラ
広げる

ムドラ
空

瞑想の
チャクラオイル
空

空のエレメント

. . . .

人格をつくる
瞑想

6つの重要な力の中で最も取りあげられない
エレメント、それが空かもしれません。空をはっ
きりと意識することで、幸福をサポートする精神
や強力な形のエネルギーと交わる土台ができま
す。空は「るつぼ」つまり、変化と精神状態が踊
り、結合し、燃焼し、そして結局はまた静止する
場です。空は、他者と同じように私たちの存在
のあらゆる側面を深く受け入れるための、巨大
な避難所なのです。

考え方をつくる
決め方

ストレッチで
姿勢を整える
想像力

マンダラ

座って、自分の内なる声と、私たちみんなに語りかけられるより高い知の声に耳を傾けていきましょう。目の前にある、空のマンダラをじっと見てください。円の真ん中を水平に走る地平線があります。その線の上部は空を表しています。この部分は、陽の領域です。線の下部は海を表し、陰の領域になります。陰は、私たちの奥深くで強い力を発揮します。私たちはそれに気づき、育み、上部の陽の領域、つまり活動と達成の領域で顕在化するのです。

陽は、天空に向かってきらめく光線を放つ王冠です。陰の知識によって力を得ています。瞑想の薄明かりに包まれた世界にある、休息し、計画を練る領域でもあります。この光の王冠の上で弧を描いている青色の部分は、永遠に続く無限のサイクルの中で再び陰が始まる場所です。中央を走る地平線を超えて広がる、無限の深みを囲んでいるのは、心（ハート）を思わせる装飾的な形です。上は天使から下はムカデまで、あらゆる存在が幸福を求める力には、愛と思いやりが満ちていることを示しています。

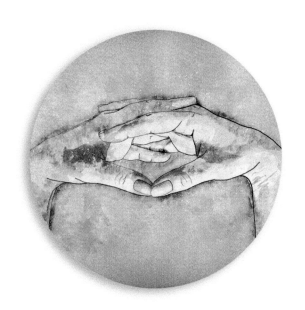

マントラとムドラ

・・・・・・・・・・・・

　数回深呼吸をして、自律神経系に安全であると知らせてから、きちんと座ってください。このマントラに思いをめぐらせる準備ができたら、「広」で息を吸い、「げる」で息を吐きます。自分が心地よく感じるまでくり返してください。肺に空気が満たされている様子を、体の内側から感じましょう。空気が、脇の下から腕を伝って指へ、さらに骨盤を通って足へ、そして足の指先まで、順番に広がっていくのを感じてください。空気が広がっていくにつれて、空の意識も生まれます。この空の意識が、胸と鎖骨を通って額へ広がり、頭蓋骨を抜けていき、やがて後頭部で渦を巻くにまかせましょう。そのまま休みます。あなた自身である広大な空間で、不思議な感覚を堪能してください。

　空のエレメントと第5チャクラのムドラは、祈りの位置で両手を組み合わせてつくります。まず両手の指を組んでください。手前が右手の親指で、一番奥が左手の小指です。組んだときに、それぞれの指で、反対側の手の甲に触れてください。今、あなたの指はしっかりとからみあっています。このムドラは、6つのエレメントが互いに浸透しあっている象徴です。そのまま手のひらを上に向け、左右の親指の先を合わせます。水のエレメント／チャクラのムドラと似ていることに気づくでしょう。違いは、指がからみ

あっているかどうかです。

　このムドラを膝の上に置いて、リラックスしてください。指と手のひらを空に向け、親指の先を合わせて、あなたが呼び起こしている受容の感覚を感じてください。あなたは自分の中の空間を広げ、空とそこから学ぶべきことを受け取れるようにしています。

瞑想と空のチャクラオイル

・・・・・・・・・・・・

　準備ができたら、この素敵な空のチャクラオイルを手に取りましょう。ユーカリ、ヒノキ、ペパーミント、コリアンダー、バジル、パチュリ、クラリセージ、マジョラムをブレンドしたオイルです。両手のひらの上で、オイルを入れたロールオンボトルをくるくる回してから、両手で鼻を覆って息を吸い込みます。スロートチャクラは、空のエレメントの場所です。気管周辺の喉にも、オイルをつけてもかまいません。オイルとともに息を吸って、この植物ブレンドの開放的で広々とした側面を体験してください。自分の意図を思い出したい、日々の生活や、自分の体／心に空のしっかりとした意識をもたらすという自らの意図を思い出したいときはいつでも、このオイルを使ってみてください。

　空は、その素晴らしい忍耐強さから、私たちの師といえます。空は広がり、あなたが与えなければいけないものが何であれ、受け入れてくれます。そしてそんなダイナミックさを介して、空はあなたに自己認識を教えてくれるのです。また、学ぶための余地も与えてくれます。空は、評価もしなければ責めもしません。空は、どんな状況にあっても、あなたの関係を補い正す手段を与えてくれるので、自分自身と幸福の利益を戦略的に一致させることができます。それは自分についてだけでなく、他者のことを考える

余地があることを決して忘れないことです。空を意識していれば、変化したり、新しい方向に向かったり、あるいは一からやり直すための自身の能力を意識し続けることができます。空は、許し、「代々受けついできた傷」を克服し、あなたが心から大切に思い続ける人たちの間にできていた傷、今ある傷、そしてこれからもでき続けていく傷を癒す能力を与えてくれます（参考文献2を参照してください）。

　あなたの空に対する視点は重要です。仏教の経典を見ると、最初期の学者たちは、サンスクリット語で「空」を意味する"sunyata"を「無」と訳しました。その後何世紀もへて、仏典の理解も進み、研究もされるようになりました。すると学者も僧侶も一様に、"sunyata"は「充実」や「可能性」と訳したほうがよいと認識するようになったのです。もし何もない無の状態が本当にあるなら、私たちは、タブラ・ラサ（何も刻まれていない石板）状態です。したがって、何もかもが可能になります。同じ考え方が、空に対する視点にもあてはまります。空は充実しています。私たちは自身を空に投影します。それが存在の本質です。私たちが、感情的、精神的に空とどう向き合っていくか、それによって形が顕在化してくるのです。

　まわりを見て、自分がどのように現れているかを考えてください。あなたがやさしさと意図を持って用意したこの安全な瞑想の空間で、頑張って自分の感情のクローゼットの中を整理してみましょう。どれが役に立ちますか？　変装している邪魔なものはどれですか？　明晰さには、見えるものと見えないものの両方を理解するビジョンが必要です。充実や可能性に対するあなたの考えを阻む、邪魔な感情はありますか？　あなたの未来を見通す考えを阻む、物理的／感情的なものはありますか？　過去に対する考えについては？　現在は？　空と、そこにあるあなたの存在のまさに本質である、たくさんの可能性をはっきり見えるようにしてくれる、感情的で物理的なものはどれですか？

　すべては空で起こります。それ以外はありません。けれど、空で起こることを知るのと、空そのものを知るのとはまるで違うのです。

　空が人生における力だと気づくだけで、とてつもなく力がわいてきて、安心できます。これまで論じてきた「全体像」が壁にかかっています。たいていの人には、全体像のある場所がわかりません。けれど多くの人が、漠然とした直感や、忘れてしまったり、他者と分かち合わないことを選んだ人生の経験を持っています。こうした経験を分かち合わないので（賢明かもしれない選択です！）、こうした経験は「秘密」になります。そして、私たちや周囲の人たちから隠されることで、影の中でとてつもない力を育んでいくのです。

時間をかけて、超自然現象の経験をしたことがないか、思い出してみてください。誰もが経験していることです。こうした記憶とともにあるのはどんな感情ですか？　こうした記憶に、身がすくみますか？　それらは不安を呼び起こしますか？　恥ずかしいですか？　何が現れても安心してください。わき起こる感情や気持ちをとり巻く物語があるかどうかに注意をしましょう。その物語を書き換えられますか？　書き換えることで幸福に近づけますか？

　私たちは、感情的にも精神的にも空があるとしっかり認識することで、こうした秘密が「クローゼットから出ていく」のを許すことができるのです。ドアはありません。あなたは、本当にすごい超自然現象のことを、他ならぬ自分から初めて自由に話せるようになります。こうした現象は「どこか他のところ」からきているように見えます。そのどこか他のところは、空にすぎません。つまり、既知から未知へと境界を広げる「全体像」です。こうした「超」現象は、連続する空に沿って物事に対処する心にほかならないのです。

　偏狭さと不寛容さは、空とは相容れません。空がもたらす明晰さを雲らせるものだからです。私たちには、動き、成長するための空が必要です。障害物があると、私たちが何とかやっていくことや、成功を手にできるように成長していくことを妨げるからです。内から外から私たちを阻む障害物は、動きを制限し、結果、病気や不調へとつながっていきます。するともはや、自由に空を動く喜びを感じられなくなるのです。

　自身や周囲の人を勇気づければ、自身にも他者にも「空」を与えられます。そうすれば一人ひとりが、主体性を持って決断できるようになります。行動の規制は、それを実際に黙って自分自身に、あるいは言葉や振る舞いで他者に押しつけるかどうかに関わらず、生ある存在の心と精神のまわりにある空を縮めようとするものです。怒鳴って命令したり、頭ごなしに指図したり、服従を要求するのは、勇気づけるのとは正反対の行動です。よくいっても、これは難しい環境であり、空そのものが嫌われたり避けたりするのです。そんな環境では、幸福は望むべくもありません。

　瞑想をして、自分が空を信用していないことに気づいたら、この機会に自分の立場について考えてみましょう。多くの人が、自分にはどうすることもできない不安や無慈悲な状況をしかたなく我慢してきました。だからこそ、よく考えてほしいのです。助けを求めるべきなのです。痛む傷と向き合えるよう、手助けをしてくれるガイドが必要なときがあります。ガイドの存在を知って初めて、傷を癒せるのです。思いやりと愛情を持って、痛みや傷を受け入れられるよう、心に空を与えてください。あなたは一人ではあり

ません。この旅には、私たちみんながついています。直感力のすぐれた、熟練した人たちがいます。あなたが自分の傷と向き合い、立ち向かっていけるよう手を差しのべ、力を貸してくれる人たちがいるのです。

　植物オイルを活用すれば、広大さを実感できるでしょう。これは、植物オイルが持つすぐれた治癒能力の1面です。この広大さは、自分の嫌いな部分や魅力がないと思っている部分にも、まだ「見る」べきものがあることを意味しています。こうした「隠しておきたいこと」や暗い部分にも、拠り所はあります。空はあらゆるものとあらゆる人を区別なく受け入れるからです。空には、「正しい」も「間違っている」もないのです。

　これまでに見てきたエレメントの姿勢は、感謝（地）、勇気（水）、好奇心（火）、充溢（風）です。そのすべての影響を受けて、私たちは空を意識しています。空は、私たちの避難場所であり、のびのび過ごせる場所でもあるので感謝です。私たちが空で休んでいるときに、幸福はもたらされます。空を占拠するものによって与えられる娯楽に夢中になっているよりも、座って「何もしない」でいるほうがはるかに、私たちの拠り所である空の存在を認識できます。勇気が必要なのは、私たちが文化的に、空そのものの良さを認めるために衝動に耐えるより、空を満たすことを条件づけられているからかもしれません。沈黙は空の現れです。あせって満たさないでください。「呼吸するための余地」を自分に与えたら、生じるであろうことについての軽い好奇心を維持しましょう。何もないように見える可能性の中でゆったりとくつろいでください（充溢）。それこそがとても貴重なのですから。

広げる

10分間の瞑想

椅子や床に置いたクッションにゆったりと腰をおろし、
リラックスしましょう。

空のチャクラオイルを深く吸い込みます。

手で空のムドラのポーズをとります。

ゆっくりと呼吸を認識しながら、呼吸に意識を集中して、
自分自身の存在を感じましょう。

「広」と心の中で言いながら、ゆっくりと意識的にすーっと息を吸います。

「げる」と心の中で言いながら、ゆっくりと意識的にすーっと息を吐きます。

広大な空の真ん中で呼吸をしながら、空の中で変化する思考を意識し、
肺が空で呼吸するにまかせましょう。

広々としていること。
瞑想に光をあてる。
無限の存在。
すばらしい想像力。

空の中で、精神の無限の本質を理解してください。

何が現れるにせよ、それとともにあってください。

独創的であってください。瞑想に入ってください。
無限であってください。

人格と考え方をつくる
瞑想&決め方

． ． ． ． ． ． ． ． ． ． ． ． ．

　無はすべてを生み出す豊かさであり、「無」つまり「何もしない」ことはすべてなのです。瞑想を行いながら、無に心を向けていけるよう実践を重ねます。それによって、精神状態や感情、気持ちの激しい流れのむこうにある無と親しくなれます。すると、感謝と勇気、好奇心、充溢、想像力を持って、何であれ無から現れてくるものを迎える準備ができるのです。心地よさが続きます。不快感が消えていきます。

　実践の初期は、自分の思考を精神状態の「流れ」（水）として「聞く」ことができるでしょう。実践を重ねていけば、「無」つまりあらゆる状況の背後にあるエネルギッシュな普遍的環境が心地よくなってきます。イメージと言葉が自然に現れてきます。それらに強く感動するかもしれませんが、どんなに心を揺さぶられても、それらを書きとめるために実践を途中で止めたりしないでください。いったん顕現すれば、それらはあなたの中に残ります。いつの間にか不思議な方法で、あなたの日常に影響をおよぼしているのです。

　寛大さや勇気、穏やかな好奇心が必要です。影が立ちはだかる旅の始めには特に。影の声はよく響きます。それは嫌悪感からではなく、あなたがついに影の存在に気づけるようになったからです。文化的背景によっては、空は「未知なるもの」、振り払われ、恐れられ、拒まれたものの行きつく場所だからと、空を恐れるよう教えこまれてきた人も多いかもしれません。

　自分のことが怖かったり自信が持てないとき、「苦しみと戦っている」自分に気づいたら、自分の呼吸音を思い出してください。パンくずの跡をたどるように、呼吸に戻ってください。「ああ」という呼吸は、それ自体がとても素晴らしいマントラです。自分の呼吸を意識し、「ああ」と声に出して言えるようになれば、ありとあらゆる苦しみを追い払えます。

　空にいると、存在の無限の可能性と出会うことで癒されます。何もかもが可能です。空の瞑想によって、気づかぬうちに自分が抱えていた、幸福を妨げるものに気づけるようになります。するとすべての船がおのずと、広々とした大海原へ出航していくの

です。船は自由に戻ってこられます。ふたたび港を後にするのも自由です。あなたにとってもう必要のない船は、二度と戻ってこないでしょう。

　明晰さは空とともにあります。邪魔なものをなくすことで、その先の広々とした空間を見通せるからです。邪魔なもののない道が待っているので、明晰さはその道を「照らして」くれます。その道を妨げるものはなく、エネルギーが自由に流れています。空があると知ることで、エネルギーは流れていき、私たちの決め方をサポートします。すると決め方は、可能性の広がる広大な場所を開いていってくれるのです。

　はっきりと決めることが、何かや誰かを否定したり失ったりすること、そんな考え方に慣れている人もいるかもしれません。空を意識することで、無限の可能性が空の特徴であり、驚きの素となることが理解できます。

　私たちは広々とした空間に向かって、「閉じる」のではなくさらに「開く」ので、決め方はより簡単に、スムーズになります。たとえば、体重を減らすと決めたとしましょう。するとあなたはすぐに、その決定に基づいて、してはいけないことを考え始めるかもしれません。けれど空を意識した決め方では、あなたはずっと自分を肯定しています（「同意しよう」）。このように観点が変わると、してもいいことや、健康になることについて考え始めるのです。萎縮せずに、健全な無限の「同意しよう」のもとで自分を拡張していくのです。この「同意しよう」は、有限の「いいえ」に束縛されて有限になった「はい」ではありません。

　ここで活躍するのが想像力です。新鮮な農産物、しぼりたてのオレンジジュース、果物、ルッコラ、農産物の直売所、そしてライスプディングに「同意しよう」と言いましょう。罪悪感を感じながら美味しいものを食べる、後ろめたい時間はもう終わりです。精神状態が満たされれば、喜びと自分を認める気持ちが生まれます。そして、空に見さかいなく食べ物を詰めこんで、物質的な体をパンパンにするようなことはないとわかり、自分を信用できるようにもなるでしょう。そのためには、練習が必要かもしれませんが想像力を駆使して、いろいろなものを利用してください。

　空とともに成長するというは、抑圧のない自分の存在とともに快適に成長することです。自然と柔軟性がでてきます。「突然変わる」こともできます。とめどなく「空想」し、憧れを思い描き、創造性を育み、自信を持って日常生活で想像力を駆使していくことが、いつでも安定してできるようになります。決定方法も、より遊び心がある、面白いものになります。空のおかげで、ありとあらゆる可能性を想像できるようになるからです。

空は無限だとしっかり意識することで、非常に謙虚にもなります。自分で決めたことの結果をすべて知ることはとてもできません。けれど、幸福への途上であなたの想像力に限界はありません。決断すべきことは常にたくさんあります。時間が経つにつれて、あなた自身と他者にとって、どの決め方が健康（豊かさと可能性）のためになるのか、どの決め方がそうではないのかを見極める直感力（内なるガイド）が身についてくるでしょう。

　健康にプラスになることを考えて、誰かや何かと過ごす時間を減らす決断をするなら、その決め方が十分かについてじっくりと考えることを学びます。それは、誰かや何かの存在を否定することではありません。あらゆるものや人を肯定することです。その関係に基づいて行動することで、その人／ものとの関係を肯定し、認めるのです。世の中との交わりにおけるこのわずかなシフトは、あなたの旅を活気づけ、満たしていく、根本的な方向転換です。

　空を意識することは、広大な空の中に「いいえ」と「はい」が両方あると理解することです。どちらも既定のものであり、受け入れられるものです。空に対するしっかりとした意識は、議論の余地のない知識を得る手段を与えてくれます。ここには超越性があるのです。

　空の熟考に含まれる軌道がはっきりわかるようになれば、全世界があなたを魅了します。あらゆるものが有益で、すべての経験から学ぶことができ、健康に成長し、空に広がる、より愛に満ちた精神状態を見いだせる機会を得られるでしょう。人生は踊り出します。あなたはただ行動するだけです。待つことを決断するかもしれません。けれど待つことも行動なのです。

ストレッチで姿勢を整える
想像力

・・・・・・・・・・・・

　このストレッチは、風のストレッチからの自然な流れで行います。風のストレッチ、スリーピング・スワンから発展させたフル・スワンという動きです（参考文献3のp.130-131を参照）。ピジョン・ポーズとも言われています。左右どちらか好きな方の脚から始めてください。脚を、腰と平行になるよう、床の上で静かに動かしてください。脚と腰の間隔は適宜調整して、楽な体勢になるようにします。もう片方の脚は背後にまっすぐのばし、後ろの足指を曲げながら、足の甲を床につけて固定します。両手のひらを床にしっかりとつけます。指を大きく開いて、均等に体重をかけてください。

　全身のラインを意識しつつ、上体を垂直にのばしていきます。背筋はまっすぐ、肩の力を抜いて、顎は軽く引き、首をのばしてください。

　上体が上にのびると、そこで空と遭遇します。それがこのストレッチの魅力です。体と一緒に、精神も上を目指すにまかせましょう。空へ到達する、水平方向と垂直方向への広がりをしっかり感じると同時に、背後で起こっている見えない世界を意識することも忘れないでください。

　風のストレッチでは、主に水平軸に沿ってストレッチを行いました。豊かな思いやりを持って、過去、現在、未来と向き合っていくために、体と心／精神を前後にしっかりのばしたのです。空のストレッチでは、水平方向（風）と同時に、垂直方向にも意識を向けていきます。あなたをとり巻く空全体の存在と、垂直にも水平にも、感情的にも肉体的にも、しっかりと向き合っていくのです。空のストレッチが求めるのは、360度にわたってあなたの想像力を育むこと。平静に瞑想しながら、バランス感覚を保って、可能性を広げる能力を経験することで、技術と自信を持って意思決定できるようになるでしょう。

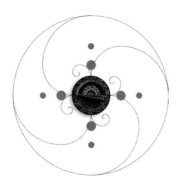

空のストレッチで姿勢を整える

想像力

10分間の瞑想

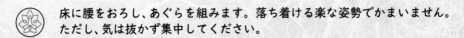

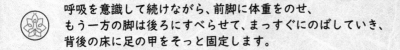

床に腰をおろし、あぐらを組みます。落ち着ける楽な姿勢でかまいません。
ただし、気は抜かず集中してください。

ゆっくりと意識的に「ああ」と心の中で言いながら息を吸います。
次に、「ああ」と心の中で言いながら息を吐きます。

呼吸を意識して続けながら、前脚に体重をのせ、
もう一方の脚は後ろにすべらせて、まっすぐにのばしていき、
背後の床に足の甲をそっと固定します。

前膝の両側の床に手のひらを置き、
空に向かって垂直に上体をそっと引きあげ、のばしていきます。

垂直方向にも水平方向にもしっかりとのばしながら、
自由を感じ、空を想像してください。

その状態のまま、6回呼吸をくり返します。

空へ、そして自分の可能性へと自分自身を思いきり広げましょう。
想像力が自分の肉体の輪郭を解き放つにまかせてください。
空で休みます。

体をもとの状態に戻したら、脚を入れかえて、
一連の動きをくり返してください。

空のチャクラオイル

各植物オイルのマントラとエネルギーへの理解をさらに深めましょう。

ユーカリとヒノキをベースとした広大な空を思わせる生き生きとしたオイルです。ユーカリが解放感をもたらし、ヒノキから安心感と落ち着きを得ることで静かに自分と向き合う時間を持てるでしょう。古代から宗教儀式に用いられてきたペパーミントは、集中力を高め新たなひらめきを与えてくれます。未来に前進するのをはげましてくれるのがコリアンダー。バジルが私たちを不安やストレスから目覚めさせ、パチュリは安定感をもたらし、クラリセージとマジョラムが信頼感をサポートします。

楽に呼吸を

ユーカリ（木／葉）：

　　全身に効果のあるユーカリは、古代から伝わる癒しのオイルで、くっきりとした、すがすがしい新たな視野をもたらしてくれます。私たちの過去を尊重し、私たちがすでに持っている癒しの力に敬意を表してくれます。

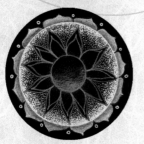

心を合わせて

ヒノキ（木／葉）：

　　イトスギの仲間であるこの常緑樹は、しばしば日本で用いられます。そのエネルギー的特性から安心感や落ち着きが得られるためです。苦しみを乗り越え、力を見いださせてくれます。

力強く

ペパーミント（葉）：

　　刺激とリフレッシュと鎮静に同時に効果があるペパーミントは、感受性と意識と高いレベルの認識力をもたらすことで、別の世界に気づかせてくれます。

自然の流れ
コリアンダー（種子）：
　私たちが変化を受け入れ、心の内では、自分にも世の中にも最良だと思っている方向に進むのを阻む疑心暗鬼のカーテン。それを抜けて前へ進むよう励ましてくれるのが、繊細で刺激的で新鮮なコリアンダーです。

目覚めよ
バジル（葉）：
　私たちが、他者の要望を満たそうとしてたまってきたストレスや苦しみ、疲労のせいで、人生の奇跡を信じられなくなっていたとしても、私たちの物理的な環境に警鐘を鳴らすバジルは、心／物質、体／精神が完全に一致していることを思い出させてくれます。

解き放つ
パチュリ（葉）：
　予期される限界から私たちを解き放ってくれるパチュリは、時間をとって自分をいたわることこそが聖なる行為だと思い出させてくれます。

自分を信じる
クラリセージ（葉／花）：
　明るく元気づけてくれるクラリセージは、自分が成し遂げたことに満足できるよう、内なる精神が落ち着くよう励ましてくれます。

分かちあう
マジョラム（葉）：
　誠実さを築いていく強さの源であるマジョラムは、大いなる変化の中でも真実をとどめます。私たちをとり巻く混乱や、混沌とした状況の中にあっても、私たちの中心をなす空間を開き、魂との意思の疎通をはからせてくれます。

空のオイル

レシピ

1 ─────

空のチャクラオイル

ユーカリ	6滴
ヒノキ	6滴
ペパーミント	3滴
コリアンダー	3滴
バジル	3滴
パチュリ	2滴
クラリセージ	2滴
マジョラム	2滴

　10㎖容量のボトルに各エッセンシャルオイルを入れ、上から分留ココナッツオイル（FCO）を注ぎ足します。

※1滴の量は、約0.05㎖が標準とされています。

2   空のディフューザーブレンド

コリアンダー　2滴
バジル　　　　1滴
クラリセージ　1滴
（水200mℓに対しての分量）

　　水道水と一緒に上記の各エッセンシャルオイルをディフューザーに入れてください。
　　ご使用になっているディフューザーのタンク容量により、オイルの量は増減してください。

3   空のバスブレンド

ヒノキ　　　　6滴
マジョラム　　4滴
ペパーミント　3滴
ユーカリ　　　2滴
バジル　　　　2滴
クラリセージ　1滴
コリアンダー　1滴
（200mℓ計量カップに対しての分量）

　　塩1カップ（エプソムソルト、重曹、天然塩、またはそれらを混合したもの）に直接オイルを加えて混ぜ、30ccの計量スプーンに2～3杯浴槽に入れます。もしくは、10mℓ容量のボトルに各オイルを入れ、上から分留ココナッツオイル（FCO）を注ぎ足したものを浴槽に入れてもかまいません。表面に浮かぶオイルが、さらに感覚的な喜びをもたらしてくれます！
　　バスブレンドとチャクラオイルは、ボディオイルとしても利用できます。ただしオイルの量は、ポンプやスプレーのサイズに応じて変更してください。
※バスソルトやオイルを浴槽に入れる際には、お使いの浴槽メーカーの取扱説明書をお読みの上、ご自身の判断でご使用ください。

...

空は学ぶための
余地も
供してくれる

...

BREATHE & BE WITH

NOTES

CONSCIOUS

ABOVE ALL NOTICE

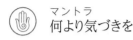 マントラ
何より気づきを

 ムドラ
識

瞑想の
チャクラオイル
識

 人格をつくる
智慧

考え方をつくる
証拠

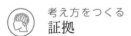 ストレッチで
姿勢を整える
注意力

識のエレメント

　このエレメントはすべて意識に関するものです。もしも、火を始めとする他のエレメントで鍛造した大釜を使って、意識を「煮詰めて」おいしいスープをつくったら、識の本質を吸い込めるでしょう。

　クラウンチャクラ（額はこの概念に含まれます）は識の場所であり、6つのエレメントの最後の1つであり、私たちみんなが一翼をになっている「神聖なもの」あるいは「宇宙の力」と同様、私たちの心をも包含する6番目のチャクラです。六大の考え方では、チャクラシステムでいう6番目の額から7番目の頭頂部までの頭全体を第6

のチャクラととらえています。私たちの頭は、物質的な脳（ブレイン）と精神的な脳（マインド）が統合されるところです。このチャクラは、物質と心が浸透し合い、変容して現れることを人間が理解できるようになる場所です。私たちが、自身の内的意識を通して周囲の世界を経験するのと同じように、私たちのことを経験する外的意識があります。識のエレメントは、地、水、火、風、空のエレメントのように、私たち自身の存在と、私たちをとり巻く多様な存在、その両方に広がっているのです。

　識のエレメントを意識するようになると、宇宙には感覚があり、敏感に反応もすることが理解できるようになります。「外的」意識は「内的」意識（私たちの心）とつながっているのです。私たちは、べつべつの存在ではありません。私たちが行うこと、考えること、感じることはすべて、「内的」「外的」を問わず意識を介して起きるのです。意識は人間だけのものと考えるのは、マッチを擦らなければ火は得られないと考えるのと同じです。

　意識は存在の中に浸透しています。それは、火が私たちの経験をはるかにこえた惑星や星といった宇宙に浸透しているのと同じです。意識は私たちの物質的な体の中にしかないというのは、水がベッド脇に置いたコップの中にしか存在し得ないというのと同じです。エレメントや、それがどう普遍的に現れるかを考えることで、意識を、私たちの物質的な体の中のみならず、全宇宙を通して機能する力として認識していけるのです。

マンダラ

識のマンダラは、両手を広げてあなたを迎えてくれます。どんな姿であっても、識の中で誰もが歓迎されます。意識することは気づくことです。気づきは識のエレメントと統合します。そして、目の前のマンダラの周囲に刻まれた、落ち着いた光の存在を生み出すのです。識に根ざし、それぞれの場にしっかりと固定された、繊細な金色の形。いずれの形の両側にも、5つずつ再帰的ループが並んでいますが、これは、地、水、火、風、空の各エレメントの循環を表しています。これらのループは、識に固定された本体としっかり組み合わさっているように見えます。エレメントの意識を気づきに循環させることで、意識的な形のエネルギーを生成します。

マンダラの中央、何もないように見える空間は、暗く空っぽに見えるかもしれませんが、よく見てください。まったく空虚ではありません。幸福の観点からすれば、「暗闇」などないのです。幸福は、心／精神にいつでもどこでも光と明晰さを生み出す能力をともないます。私たちは依然として、感情的、物理的な苦痛を経験しますが、人間である私たちは意識の明晰さを邪魔なものに投影し、私たちの理解や洞察を阻む、混乱した場所を「照らす」ことができるのです。

ゆっくりと軽く目を閉じ、ろうそくの明かりを使って、どうすればまぶたの裏に見える「暗闇」を照らせるのか、考えてください。最終的に、練習を重ねて身につけた自制心によって理解できるようになるのは、暗闇は少しも暗くなく、安定した状態で変化している、小さなフィラメントの無限の集まりだということです。ゆらめき、燃えあがり、無限に動くこのフィラメントは、意識の動きを介して踊ります。「暗い」とか「明るい」とかいったことは重要ではありません。意識の光がすべてなのです。

マントラとムドラ

....

　識の練習は、自身の意識の力に気づけるようになることから始めましょう。つまり、自身の心の力を介して、周囲の世界を変え、明らかにし、影響をおよぼしていく能力に気づくことです。「何より」で息を吸います。「気づきを」で吐いてください。「自身の頭の中」の意識の力と、その力が私たちの「内的」なものにどうやって働きかけるのかに気づけば、「外的」意識に気づきやすくなります。識のエレメントとの関係をいかに明らかにしていくか、それが「智慧」なのです。

　識のムドラには、祈りのムドラから入ります。組んでいた手をゆるめ、両手を少し離して、指が手のひらの中に落ちるようにします。その状態から、中指同士を合わせて、山のような形になるように上げます。人差し指は、それぞれの中指の第1関節に置きます。親指は、のばした中指のつけ根か、右手薬指の近くに楽な状態で置き、残りの指は絡んだ状態にします。

　このムドラは、あなたの体と意識を一致させます。そもそも、第1〜3のチャクラは、地が小指、水が薬指、火が中指と、あなたの肉体を構成する地球の力を示しているからです。中指は火のエネルギーを表現しています。より高い所へ行こうとするのが火

の本質だからです。幸福には確たる信念が必要です。このムドラで最も目立つのが風と空のエレメント（人差し指と親指）なのは、空気のような力を意識することに慣れてくることで、自身の存在をしっかりと感じられるようになるからです。

瞑想と識のチャクラオイル

　意識の力は宇宙のエレメントだと気づけば、幸せになれます。スピリチュアリティは識のエレメントの探索です。各チャクラが他のチャクラに影響をおよぼすように、識もすべてのチャクラに影響をおよぼします。この識の瞑想では、私たちは意識の熟考のための媒介です。私たちはこの熟考を意識することで、快適さと活気を得ます。

　この体験をサポートする識のチャクラオイルは、落ち着きをもたらしつつ、元気も与えてくれます。サンダルウッドとフランキンセンスは何千年にもわたり、人間が精神とつながるために用いられてきました。ラベンダーは集中力と癒しをもたらします。ジュニパーは、チベットや中央アジアで古代から親しまれており、清めや浄化の特性で、私たちの意識を刺激します。オレンジは刺激と安心を与えてくれます。また、光と生命の源であり、夜明けの丸い太陽を思い出させてもくれ、自分よりも大きな力を理解できるよう導いてくれます。

　森の中で、木から木へ、菌類から菌類へと情報や栄養物のやりとりを可能にする、樹木や菌類のネットワークにおける意識について話すとき、私たちは個々の存在のネットワークに思いを馳せます。それはまるで顕在化した意識のようです。空について考

える際は、空を占めるものに気をとられないように注意します。同様に、個々の意識にも気をとられないようにしましょう。空と同じで、私たちが関心を持っているのは、識そのもののエレメントやエネルギーについて考えることなのです。

　人間は何千年にもわたって、意識について研究し、書き、論じてきました。こうした研究が行われる文化的基盤に応じて、私たちはよく意識を擬人化します。全能の「神」だったり、しばしば人間の姿になる「造物主」として表現するのです。この意識に人間の特質が与えられるとき、そのエネルギーはたいてい男性として表されます。

　けれど、意識を人間の男性の姿で描くのは間違いです。意識を人間として表現すれば、ありとあらゆる厄介な状況を招きます。とりわけ問題なのは、裁きや報復、拷問や死に対する人間の傾倒です。人間の男性に代表される、普遍的な意識に対するこうした有限な考え方は、有限な「いいえ」との関係においてしか価値を見いだせない、有限な「はい」と似ています。こうした二元には気をつけてください。二元的思考はたいてい、権力や、優位な立場での支配を求める徴候です。

　仏教で表現される般若（智慧）は人間ではないものの、明らかに女性的です。ギリシャ人は、智慧を「ソフィア」と称して、女性の肖像画を用いていました。女性に対する彼らの概念の包括的な特質が、叡智を表現するのに適していると考えたからでした。実際、意識は人間の姿や二元的特質を超越したものです。本質的に非二元的であり、意識の気づきの実践は、あらゆる存在と現象を含む実践なのです。

　私たちが自身や他者の心を理解できるたびに、時空の縦糸と横糸がゆるみ、意識は光に満たされ、その光が輝きます。すると、幸福が具現化されるのです。

　私たちが意識について考えるために光を象徴として用いるのは、光が明晰さと理解を示すものだからです。物理的質量に拘束され、あざむいたり、出し抜いたり、言い逃れしたりといったことをしかねない有限な意識と違い、識そのものは、誠実さやユーモアセンスをともなって、「あるがまま」を明らかにします。識のエレメントに気づけるようになると、私たちが出会う宇宙の力や、以前はとるにたらないと考えていたかもしれない力と、ふざけたり楽しんだりしながら会話ができる関係になっていくのです。

　自制心を働かせながら練習をすると、意識の働きが実際にわかります。何げないことが、喜びの笑顔を引き出します。「ふつう」のこと、「日常の」ありふれたことに心を癒され、喜びを見いだします。肩の力が抜けてきます。自己陶酔にかわって、自分よりもはるかに大きなものを分け与えられているという感覚をともなった、素直な感謝の気持ちが芽生えてきます。私たちが関わるこの「統一された一貫性」は、「多様なものの

調整と結合」（参考文献10のp.255を参照）に気づくことで体験できます。この「多様なもの」こそ、宇宙の意識にほかなりません。日々の生活は面白さも魅力も増していきます。それどころか、日々の生活はまさに奇跡だと実感するでしょう。私たちは、「魔法」と「超」自然の中に暮らしているのです。それに「気づく」ための「心」があれば、きっとわかります。

　瞑想という静かな時間は、自己認識や開放感をともなって識のエレメントを迎える時間なので、喜びとなります。幸福は識の本質にあります。私たちの存在も、すべてのものの存在もともに実感するための最高の方法、それが自身や他者を大切にすることであり、識はその考えを実現しようとしているのです。

　識に気づくようになったからといって、苦しみや死がなくなるわけではありません。苦しみや死に対する自分の位置づけを変える、ということです。そうすれば、周囲の世界との交わりを実践するための洞察力や明晰さを前にして、以前のようにそれらに振り回されることもなくなっていくのです。識は驚きであり歓喜ですが、何にも増して、理にかなったものです。存在のより大きな識との触れあいは、あなた自身の合理性と公平性を介して行われ、偏見のない心を鍛えていくことで実践されます。

識の瞑想

何より気づきを

10分間の瞑想

 椅子や床に置いたクッションにゆったりと腰をおろし、
リラックスしましょう。

識のチャクラオイルを深く吸い込みます。

手で識のムドラのポーズをとります。

 ゆっくりと呼吸を認識しながら、呼吸に意識を集中して
自分自身の存在を感じましょう。

「何より」と心の中で言いながら、
ゆっくりと意識的にすーっと息を吸います。

「気づきを」と心の中で言いながら、
ゆっくりと意識的にすーっと息を吐きます。

 呼吸をしながら、生命の息吹を感じてください。
生きていることを感じてください。それを実感しながら休みます。
その実感を、穏やかな微笑みのうちに解き放ちましょう。
あなたはすべてわかっています。

生命を感じる。
気づきに注意を向ける。
知識を共有する。
意識して生きる。

 何が現れるにせよ、それとともにあってください。

自覚を持ってください。生き生きしてください。
意識してください。

人格と考え方をつくる
智慧&証拠

. . . .

　識のエレメントにおける瞑想が智慧を導くのは、無のなんたるかを理解し、認識できるようになっていくからです。理解や認識を育むことで、「ありのままの事実」と向き合っていけるようになります。恐れや批判、非難もありません。識のエレメントそのものの特徴である無（巨大な可能性）に対する先入観もありません。ありとあらゆる存在が無であり、変わる可能性があると理解すると、無執着の合理性がよくわかってきます。無執着は、何も気にかけないことではありません！　苦しみや喪失感から立ち直る力を身につけることです。

　識との関係において智慧を育む目的は、本源的な基盤がないと理解することです。こうしたビジョンこそが、私たちを変化へと導くのです。変化は幸福への道です。なぜなら、変化は精神が成熟していく手段なのですから。

　私たちが直面する状況は、私たちが自分を見つめる場面を基本にした特定の「心の形」を必要とする、ということを理解するのが智慧です（参考文献10のp.223を参照）。識と智慧は同じなので識と智慧における気づきが増えていけば、知的で意味のある質問をする能力を積極的に育み、問題を、注意して挑める課題に変えられるでしょう。水が生命にとって重要なように、私たちは自身や他者に重要な質問をすることを学び、質問から生まれたこの関係が、智慧を育むのです。

　識のエレメントとの経験が導くのは、心の広さの実践です。その際求められるのが、真剣な探求と、創造的でまじめな質問になります。ユーモアや笑いは、より簡単に手に入るようになるでしょう。不機嫌や頑固さを、識のエレメントに気づくことで明らかになる開放的な自由に置きかえているからです。「思いきり笑う」と、心が「ぱっと開いて」そこから識の光が差しこみます。もう「規則」にしばられることはありません。むしろ、「規則」をいつ、どうやって適用するかを、現在進行形で理解していくようになるのです。これは皮肉にも、すべてのものとあらゆる生命ある存在を含んだ根本的な主観性への移行です。「熟達した手法」は、継続的な現実となるのです。

　練習を重ねていけば、より深いレベルの洞察力、創造的な深さ、成長へと継続的に

道が開かれていくこの健全な旅に馴染んでいくでしょう。この過程は決して勝手な相対主義や、厳格な絶対主義、あるいは神秘主義からできているわけではありません。むしろ私たちは、識のエレメントとの出会いを日常生活に根づかせる証拠を集めたいと熱望しています。「何より気づきを」というマントラは、この自己監視の実践を意味しているのです。識と交わる瞑想の訓練をすれば、スキルセットを磨いていくことができます。このスキルセットは、私たちのツールボックスです。これがあれば、存在そのものへの敬意を抱けるようになります。しかもこのボックスは、誠実さと冷静さ、思慮深い洞察力も備えているのです。

　幸福を意識し、その効果のための証拠を集めるのはとても大事なことです。これによって、分別のある人間が学び、成長し、他者を導くことができるようになるからです。証拠を他者と分かち合うかを考える際には、常に自分を大事にするよう心がけることが大切です。あなたにとっては気分をあげてくれることや、役に立つかもしれないことが、他者にとっては自慢やうぬぼれに見えるかもしれません。傷ついていたり、配慮を必要としている人にとっては特に。

　健全な実践をしている人は、「問題」を前にしても、失敗の原因ではなく、刺激的な課題と考えます。他者とともに識の光に包まれる機会、自分や他者の利益のために頑張る機会ととらえるのです。私たちが能力（態度、思考、人格）を育めば、それが強力な手段となって、「解決」されるべき問題と、脇に置いておきたい無用な負担、そして思いやりの心が必要な気持ちを見わけることができるようになり、すると、自身や他者の利益のために、他者とともに、問題や課題は解決されていくのです。

　証拠に注意を払えば、あなたはもとより周囲の人たちもそれぞれの旅を始め、心身ともに健康な状態を実現できます。証拠は、ものの見方を変え、新たな理解の形へと心を開いてくれます。このレベルの健康は、熟達した手法になります。「証明」と認識は密接に関係しています。旅を続けていくうちに道筋がはっきりしてくるのは、私たちが自分に証拠を提供してきたからです、自分のしていること／考えていること／感じていることは、自分や他者のためになっているという証拠を。

　自分の世界や周囲の世界とじっくりと関わっていくことは、誰にとってもプラスになります。

ストレッチで姿勢を整える
注意力

· · · · · · · · · · · · · ·

　注意力は健康に欠かせません。自身や他者への注意力がなければ、自分の立場を守れません。変化したり、決意を示したり、寛大であったり、創造性を発揮することも難しいでしょう。注意力は、私たちに成長する機会を与えてくれるものなのです。

　識のストレッチは、正座をするだけです。両膝をそろえて正座をして腿の上に手を置きます。すでにこれまでの5つのエレメントの陰ストレッチを行ってきているなら、このストレッチが、あなたの体のかすかなエネルギーや、あなたの心／精神の本質に驚くほど触れられることに気づくかもしれません。じっとして、耳を傾けてください、「何より気づきを」。

　注意を払うには、「ゆとり」を持たなければならないことを理解してください。間の中にある、この落ち着いた状態を認識してください。ここは、6つのエレメントと、自身の体／心の活動に対する気づきを介して明らかになった、宇宙に内在する智慧の証拠を見つける場所なのですから。

　まだよくわからない場合は、はっきり言わせてください。私たちは、魔法のような思考をしているわけではないのです。幸福は、雲の上からあなたを迎えにきてくれるわけではありません。日常生活においても、あなたの心／精神においても、当たり前のように「満ちたりた」状態になれるまで、意識的な行動を実践し、育んだ結果、ようやく手にできるのが幸福なのです。

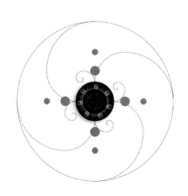

識のストレッチで姿勢を整える

注意力

10分間の瞑想

 床に腰をおろし、あぐらを組みます。落ち着ける楽な姿勢でかまいません。
ただし、気は抜かず集中してください。

 ゆっくりと意識的に「ああ」と心の中で言いながら息を吸います。
次に、「ああ」と心の中で言いながら息を吐きます。

呼吸を意識して続けながら、正座をしてください。
両手は腿の上に軽く置きます。

 その状態のまま、6回呼吸をくり返します。

感じます。理解します。休みます。自分に注意を向けましょう。
あなたの中で動く意識に注意を向けましょう。
自分に心を配ってください。

 そのままゆったりとリラックスして、6回呼吸をくり返します。

識のチャクラオイル

各植物オイルのマントラとエネルギーへの理解をさらに深めましょう。

オレンジをベースとしたこのブレンドは、落ち着きをもたらしつつ、元気も与えてくれます。フランキンセンスは何千年にもわたり、人間が精神とつながるために用いられてきました。集中力と癒しをもたらすのはラベンダーです。ジュニパーは、チベットや中央アジアで古代から親しまれてきた清めや浄化の特性で、私たちの意識を刺激します。刺激的なジンジャーが、私たちに勇気と回復力をもたらし、みずから動く力をくれます。そして、クラリセージとベチバーは精神が落ち着けるように導いてくれるのです。

やる気を出す

オレンジ（果皮）：
太陽のエネルギーを発散するオレンジは、穏やかでありながら、決意に満ちてもいます。また、再生や生命力とも関係があります。

寄り添う

フランキンセンス（樹脂）：
霊性と洞察力が非常に高いフランキンセンスは、天に通じていて、忍耐強く耳を傾けようとする人に、深い安らぎと智慧をもたらします。

始めよう

ジュニパー（木／果実）：
清めと浄化のジュニパーは、邪魔なものをきれいにしてくれます。間違いから学ぶよう励ましてくれ、日々の生活における微妙だけれど大事な変化を支えてくれます。

みずから動く

ジンジャー（根）：

　非常に刺激的なジンジャーは、勇気と回復力を
もたらしてくれます。そして私たちの中に、物理的、
感情的、精神的な消化の火をかき立ててくれます。
それによって私たちは、幸福への過程で出会う変
化を処理し、吸収できるのです。

自分を信じる

クラリセージ（葉／花）：

　明るく元気づけてくれるクラリセージは、自分が
成し遂げたことに満足できるよう、内なる精神が落
ち着くよう励ましてくれます。

愛されている

ラベンダー（葉／花）：

　エッセンシャルオイルの母なる女神ラベンダー
は、私たちに癒しの手で触れ、私たちが成すべき健
康への道で、大切にされているのだとやさしく教え
てくれます。

深く入る

ベチバー（根）：

　暗闇の中、私たちを導いてくれるベチバーは、心
や感情がざわめいたときに落ち着いていられるよ
うサポートしてくれます。また、自身の存在の最も
深い部分に触れ、一番大事な問いに対する答えを
得られるよう助けてもくれます。

識のオイル
レシピ

1.

識のチャクラオイル

オレンジ	12滴
フランキンセンス	3滴
ジュニパー・ベリー	3滴
ジンジャー	2滴
クラリセージ	2滴
ラベンダー	1滴
ベチバー	1滴

　10㎖容量のボトルに各エッセンシャルオイルを入れ、上から分留ココナッツオイル（FCO）を注ぎ足します。

※1滴の量は、約0.05㎖が標準とされています。

② 識のディフューザーブレンド

オレンジ	2滴
フランキンセンス	1滴
ジンジャー	1滴

（水200mℓに対しての分量）

　水道水と一緒に上記の各エッセンシャルオイルをディフューザーに入れてください。

　ご使用になっているディフューザーのタンク容量により、オイルの量は増減してください。

③ 識のバスブレンド

オレンジ	6滴
ジンジャー	6滴
ベチバー	3滴
フランキンセンス	2滴
ジュニパー・ベリー	2滴
ラベンダー	2滴
クラリセージ	1滴

（200mℓ計量カップに対しての分量）

　塩1カップ（エプソムソルト、重曹、天然塩、またはそれらを混合したもの）に直接オイルを加えて混ぜ、30ccの計量スプーンに2〜3杯浴槽に入れます。もしくは、10mℓ容量のボトルに各オイルを入れ、上から分留ココナッツオイル（FCO）を注ぎ足したものを浴槽に入れてもかまいません。表面に浮かぶオイルが、さらに感覚的な喜びをもたらしてくれます！

　バスブレンドとチャクラオイルは、ボディオイルとしても利用できます。ただしオイルの量は、ポンプやスプレーのサイズに応じて変更してください。

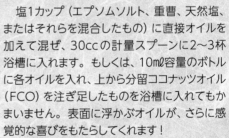

※バスソルトやオイルを浴槽に入れる際には、お使いの浴槽メーカーの取扱説明書をお読みの上、ご自身の判断でご使用ください。

···

意識することは
気づくこと

···

BREATHE & BE WITH

NOTES

結論

· · · · · · · · · · · · · · ·

　長い道のりを歩いてきました。エレメントは私たちのためにあり、私たちは、それを活用するためにここにいます。エレメントの力の原動力に見られる自然法則は、宇宙全体に処理能力を与えるのみならず、その原動力を認識することで、私たち人間にも処理能力を与えてくれています。自我にとらわれた見方をすれば、邪魔なものはたくさんあります。宇宙を構成するものであるのと同時に、私たちそのものでもあるエレメントの知識を使って内面と外面の世界を統一する能力は、私たち自身の世界を形づくり、生物も無生物もすべての存在にとって基本となるサイクル、パターン、原動力を理解する能力です。私たち人間と宇宙の本質を深く理解しようとする真摯なこの姿勢は、素晴らしい開放感をもたらしてくれるでしょう。

　エレメントの視点を用い、自宅で幸福の実践を育むことで、私たち一人ひとりがしっかりと経験できるのです。呼吸するのは「私」ではなく、宇宙が「私」を呼吸している、という「事実」を。呼吸しているのは「自分」だ、と思いたいですが、ほんの数分呼吸に意識を集中すれば、そうではないことがすぐにわかるでしょう。

　息が私を呼吸します。心を配ること、気づきの実践は、私を呼吸するものとの出会いです。「心」識のエレメントとの出会いです。マインドフルネスや瞑想は、意識／心そのものとのしっかりとした関係の中に入っていくことにほかなりません。言い換えれば、6つのエレメントと、意識／心が織りなす生命力です。

　宇宙が私たちを呼吸するように、大地は私たちの足を地にしっかりとつけてくれます。水はうるおしてくれます。火は燃え立たせてくれます。こうした要因に、「私」はありません。風は外気に触れさせてくれます。空は包みこんでくれます。そして識！　識は私たちを「知って」います。それが識の本質だからです。大地は、形をなしたという意味では「意識」があります。岩山も、個々の岩が集まって1つの形を表しているという点で「意識」があります。「まとまる」ことや「知る」ことは、大規模な意識です。宇宙を構成する6つのエレメントの規模です。力をまとめる知性があって、岩は「岩山」として顕在化します。岩には「特性」があり、その反応は予測できます。岩が1つにまとまって形をなすように、私たちも自分の体を形成します。雲や蟻、魚、海流も同じです。

　人間は、幸福の実現において己を「知ります」（悟り）。「元気」でいることは、自然

166

な状態です。私たちが人間であることを「実感」するのは、素晴らしい力を使って、いい状態でいられる自然な世界と関わるときです。意識が「自然に」意識そのものを知って喜んでいるように、私たちの体が自然で自由な状態のときに、健康だと感じます。それぞれのエレメントの本質もそのままです。それ以上でも以下でもありません。仏教の観点からいえば、自我に執着せず「ものごとをありのまま」見ることで、はっきり見えるようになる、ということです。はっきり見えるということは、「悟りを開く」ということ。悟りを開くということは、よく生きて、「幸福」だということです。

火には火ならではの特性があります。あなたのお子さんや飼い犬、庭の蛇、空の雲、稲妻もしかりです。エレメントの視点からいえば、人間は雲や火山、洪水、庭に咲くバラと変わりはありません。くり返しが私たちを循環させ、火が燃え立たせ、空が解放します。エレメントの中にいるとくつろげるのは、私たち自身がエレメントだからです。

私たちの拠り所は宇宙です。

本書では、6つのエレメントと宇宙の視点から語ってきました。なぜ自分に限界を課すのですか？　心を開き、自分の目で見て、耳で聞いて、鼻で嗅いでください。あなたという存在と「周囲の存在」は、1つのつながった範囲の中にあります。その中であなたは自分の立ち位置を選び、自由に動きまわります。自分の中に風と空を感じてください。どうして待つのですか？　なぜ走るのです？　ここには、喜びが、安らげる1杯のお茶が、きれいな曲線を描くドラゴンの爪が、海の音があるのです。

自分が片隅にいると気づいたら、隅をつくっている2つの壁の間の空間をつなぐ橋になりましょう。ツバメのように、橋に巣をつくりましょう。ここを自分の拠り所にするのです。ただし、自分がつくったものを過度に自慢してはいけません。休憩用にハンモックを用意しましょう。他者に心を開きましょう。水は溺れる可能性があります。泳ぐことを覚えましょう。

けれど、あなたはもうすでに知っています。経験から学び、学んだことを忘れないようにしてください。常に驚きがあります。世の中のあらゆるものが、私たちの中や、周り、そして私たちを通した世界にあります。息が私たちを呼吸するのです。

ああ！　あなたには素晴らしい瞬間が訪れています。私たちは決して迷いません。休息の時。目覚めの時。恐れや憎しみ、憤り、傷を抱えて座る時。卵を割る時。

あなたは親愛なる遊牧の民。あなたは自由です。どのドアにも、部屋はありません。

おわりに

　このページを見ているということは、あなたは明らかに、よく考えたり熱心に行動することをいとわないくらい、変化や健康に興味と関心を持っているということです。さらに学びたい場合は(そうなることを願っています!)、ぜひお問い合わせください。Nature's Narrativeワークショップや本書が誕生したタイ王国南部のサムイ島にある私たちの拠点、ドラゴンズ・ネスト・サンクチュアリ (DNS)、でお会いできることを楽しみにしています。

　健康にそして幸せになるための鍵は、日常生活において少しずつ変わっていくことです。自分や世の中のために意識的で現実的な目標を立てることで、この旅の展開がはっきりしてきます。誰しもサポートが必要です。どうか、Nature's Narrativeのウェブサイトやフェイスブックにアクセスして、私たちの成長を続けているコミュニティに参加してください。メッセージ、チャット、グループでの会話、大歓迎です。DNSにいらして、山での心静かな修行もご検討ください。瞑想、自然、幸福を集約した3次元マンダラが体験できます。

　あなたと集い、思いやりと自己への献身を新たにし、ともに楽しい時間を過ごすことを楽しみにしています。DNSにいらっしゃれば、本書のマンダラを創作したヘザー・デットマン、間髪を容れず対応してくれるドクター・キム・クラウリーや、天才的なグラフィックでこのプロジェクトを形にしてくれたミシェル・クラフトにも、会えるかもしれません。クリスティン・マックイリンは、各章最後に配した植物の絵を愛情こめて描いてくれました。イアン・ベイカーもここで日々を過ごしているかもしれません。DNSのビジョンを立ちあげ、そのビジョンを実現させたのは彼だったのですから。

　本書の執筆にあたり、河野全鵬さんには、真言宗 (空海) の教えについて有益な助言をいただきました。感謝です! Thank you so much !

　「ネイチャーズナラティブ」の英文を著述していたときから思っていた、いつか日本語で出版したいという願いが叶いました。私にとって、日本語と英語で話すこと、日本語と英語で教えることは、仕事においてもライフスタイルにおいても切り離せないものです。この本は、私が高野山で学んだことと、宇都宮大学国際学部で教えてきたことの集大成です。

　話はじめるときりがないのですが、出版のきっかけをつくってくれたのは古くからの日本人の友達でした。そして、本当にいろいろなご縁があり、ようやくここまでたどり着きました。関係してくれたすべてのみなさんに感謝です!

　この本が、みなさんが日々の生活の中で知らず知らずのうちに忘れてしまった、自己の本質を思い出す時間を持つきっかけとなることを願っています。

　「ネイチャーズナラティブ」のガイドになりたい、あるいは、授業やヨガスタジオ、グループ瞑想、自宅での親しい人たちとの集まりなどで、本書をテキストとして活用したい、といった場合は、NaturesNarrative.comのバーバラ・晴慧までご連絡ください。

　たくさんの感謝をこめて。お会いできるのを楽しみにしています!

参考文献

1)タラ・ブラック『ラディカル・アクセプタンス――ネガティブな感情から抜け出す「受け入れる技術」で人生が変わる』マジストラリ佐々木啓乃訳, サンガ, 2020.
 （原書：**Brach, Tara.** *Radical Acceptance: Embracing Your Life with the Heart of a Buddha.*New York: Bantam Dell, 2003.）

2) **Carole, Tiffany.** Healing Oil Collective 3rd Edition. 2019. https://master-healer.teachable.com/p/healing-oil-collective-3, Accessed June. 2019.

3) **Clark, Bernie.** *The Complete Guide to Yin Yoga: The Philosophy & Practice of YinYoga,* Ashland, Oregon : White Cloud Press, 2012.

4) **Cushman, Anne.** *Moving into Meditation,* Boston & London: Shambala, 2014.

5) **Khema, Ayya. Tricycle.** "The Elemental Self: Connecting with the earth, fire, water and air wthin us with all existence" Winter 2018, https://tricycle.org/magazine/theelemental-self/, Accessed Dec. 28, 2018.

6) **Trans. and Annotated by Shingen Takagi and Thomas Eijô Dreitlein.** *Kûkai on the Philosophy of Language*(英書), 東京：慶應義塾大学出版会, 2010.

7) **Hanh, Thich Nhat and Katherine Weare.** *Happy Teachers Change the World: A Guide for Cultivating Mindfulness in Education*, Cal: Parallax Press, 2017.

8) **Rambelli, Fabio.** *A Buddhist Theory of Semiotics: Signs, Ontology, and Salvation in Japanese Esoteric Buddhism.* London:Bloomsbury,2013.

9) **Worwood, Valerie Ann.** *Aromatherapy for the Soul: Healing the Spirit with Fragrance and Essential Oils, Berkeley,* CA: New World Library,1999.

10) **Wright, Dale S.** *The Six Perfections：Buddhism and the Cultivation of Character,*London:Oxford University Press,2011.

11) **Yang, Larry.** *Awakening Together：The Spiritual Practice of Inclusivity and Community,*MA: Wisdom Publications, 2017.

12) **Young, Shinzen.** *The Science of Enlightenment: How Meditation Works.* Boulder, CO: Sounds True, 2018.

著者：バーバラ・晴慧・モリソン (Barbara S. Morrison)
著者略歴は表1側そで参照

翻訳者：岩田 佳代子 (いわた かよこ)
清泉女子大学文学部英文学科卒業。訳書に、『ジェムストーンの魅力』『実用540
アロマセラピーブレンド事典』『心がおだやかになる自然風景100の塗り絵』『茶楽』
『ハーブバイブル』『キッチンではじめる家庭菜園』(いずれもガイアブックス)など。

NATURE'S NARRATIVE
ネイチャーズ ナラティブ
幸福への旅路

発　　　行	2022 年 5 月 20 日
発 行 者	吉田　初音
発 行 所	株式会社 **ガイアブックス**

〒107-0052
東京都港区赤坂 1-1 細川ビル 2F
TEL.03 (3585) 2214
FAX.03 (3585)1090
https://www.gaiajapan.co.jp